EXPOSÉ ET APPLICATION

DES FAITS, ATTRIBUTS ET PRINCIPES, TANT GÉNÉRAUX QUE
PARTICULIERS, LES PLUS IMPORTANTS A PRENDRE POUR GUIDES
DANS LES QUESTIONS RELATIVES A L'ENTRETIEN DES ROUTES
ET A LA POLICE DU ROULAGE.

Tout ruisseau suit sa pente.

Exposer avec mesure et sans amertume ni aigreur ce que
l'on croit être la vérité, le faire avec bienveillance pour les
personnes, avec respect même quand il y a lieu, sera toujours
une chose utile et toujours le propre d'un homme de bien.

Quand on veut faire pénétrer des vérités que l'on croit
utiles, on ne saurait mettre trop à profit pour les exposer,
lors même que l'on aurait la certitude de les voir repoussées,
les occasions où le public est appelé à examiner les questions dans lesquelles elles jouent un rôle.

PAR

BERTHAULT-DUCREUX,

Ingénieur en Chef des Ponts et Chaussées.

PARIS,

CARILIAN-GOEURY et V.or DALMONT, quai des Augustins, n.os 39 et 41.

MARS 1842.

EXPOSÉ ET APPLICATION

Des faits, attributs et principes, tant généraux que
particuliers, les plus importants à prendre pour
guides dans les questions relatives à l'entretien
des routes et à la police du roulage.

CHALON-S.-S., IMP. DE J. DEJUSSIEU.

EXPOSÉ ET APPLICATION

DES FAITS, ATTRIBUTS ET PRINCIPES, TANT GÉNÉRAUX QUE PARTICULIERS, LES PLUS IMPORTANTS A PRENDRE POUR GUIDES DANS LES QUESTIONS RELATIVES A L'ENTRETIEN DES ROUTES ET A LA POLICE DU ROULAGE.

Tout ruisseau suit sa pente.

Exposer avec mesure et sans amertume ni aigreur ce que l'on croit être la vérité, le faire avec bienveillance pour les personnes, avec respect même quand il y a lieu, sera toujours une chose utile et toujours le propre d'un homme de bien.

Quand on veut faire pénétrer des vérités que l'on croit utiles, on ne saurait mettre trop à profit pour les exposer, lors même que l'on aurait la certitude de les voir repoussées, les occasions où le public est appelé à examiner les questions dans lesquelles elles jouent un rôle.

PAR

BERTHAULT-DUCREUX,

Ingénieur en Chef des Ponts et Chaussées.

PARIS,

CARILLIAN-GOEURY et V.or DALMONT, quai des Augustins, n.os 39 et 41.

Mars 1842.

[illegible]

EXPOSÉ ET APPLICATION

Des Faits, Attributs et Principes, tant généraux que particuliers, les plus importants à prendre pour guides dans les questions relatives à l'Entretien des routes et à la Police du roulage (1).

Tout ruisseau suit sa pente.

Exposer avec mesure et sans amertume ni aigreur ce que l'on croit être la vérité, le faire avec bienveillance pour les personnes, avec respect même quand il y a lieu, sera toujours une chose utile et toujours le propre d'un homme de bien.

Quand on veut faire pénétrer des vérités que l'on croit utiles, on ne saurait mettre trop à profit pour les exposer, lors même que l'on aurait la certitude de les voir repoussées, les occasions où le public est appelé à examiner les questions dans lesquelles elles jouent un rôle.

EXPOSÉ

DES FAITS, ATTRIBUTS ET PRINCIPES GÉNÉRAUX.

§. 1. — Cet opuscule, qui a pour objet la mise en lumière de l'état profondément arriéré de l'entretien, de l'erreur du système de la réglementation, des causes de cet état, de cette

(1) La pensée d'écrire cet opuscule ne s'étant offerte à moi que quand j'ai appris par les journaux la présentation à la chambre des Pairs du projet de loi sur la police du roulage, je n'ai pu, en raison de mes occupations et du peu de temps qui me restait, apporter à sa rédaction la méthode et le soin que j'aurais désiré y mettre; mais j'ai fait ce que j'ai pu. Si, comme je le crois, les faits et les démonstrations qu'il contient sont exacts, les idées qui y sont exprimées, justes et opportunes, la publication en sera utile, et mon but est atteint.

erreur, et des moyens de les détruire, sera divisé en quatre parties, sous les titres suivants :

Exposé des faits, attributs et principes généraux ;

Exposé des faits, attributs et principes particuliers ;

Application ;

Conclusions ;

Les deux premiers s'adresseront à tous les pays ou à presque tous les pays ; les deux autres à la France, surtout dans son état actuel.

Je débute par un axiome qui, s'il est superflu pour la plupart de mes lecteurs, a besoin d'être mis sous les yeux d'un assez bon nombre.

Quand des idées nouvelles ou anciennes, mais non encore adoptées, présentent à la société des chances nombreuses d'avantages essentiels, elles ont droit de la part de tous, et surtout de celle des personnes éclairées, à un examen sérieux, approfondi, impartial, d'autant plus sérieux, approfondi et impartial, que ces chances et ces avantages sont plus grands ; elles ont droit à obtenir d'eux d'autant plus de considération et de sympathie, que ceux qui les soutiennent et cherchent à les propager ont eu plus d'occasions et des occasions plus remarquables de les mettre en pratique, que dans ces occasions ils ont mieux fait leurs preuves, y ont eu plus de succès, se sont montrés plus spéciaux, enfin que ceux qui les combattent ont moins de titres de ce genre à faire valoir, ou de plus faibles.

§. 2. — Chaque chose, chaque objet a des propriétés plus ou moins précises et distinctes, plus ou moins bien connues, et qui constituent son moi, qui font que l'on ne doit pas le confondre avec d'autres.

Ces propriétés ou attributs exercent une influence plus ou moins grande et souvent capitale sur la manière dont se passe une partie des phénomènes dans lesquels cette chose joue un rôle; ils sont des éléments essentiels, indispensables de ces phénomènes, qui seraient tout autres si eux-mêmes étaient tout autres. C'est là un fait patent, incontestable.

Il est donc évident que quand on veut étudier ces phénomènes, en observer, distinguer, caractériser les phases, en examiner et préciser les détails, et surtout se mettre en état de juger à priori des modes d'action que l'on doit exercer sur eux quand on désire les contraindre à se modifier dans un sens ou dans un autre, de telle ou de telle manière plutôt que de telle ou telle autre, à un degré plus fort ou à un degré plus faible, la première tâche que l'on doit se proposer est de chercher à acquérir les idées les plus exactes possible sur ces attributs, d'abord dans leur état isolé, autant bien entendu que l'isolement est praticable, ensuite dans leur état de relation, de rapport, soit simple, soit composé, avec ceux des autres choses qui concourent à leur développement, à leur production.

Il n'est pas moins évident que moins on possède la notion des attributs, et moins aussi on est en état de découvrir, même seulement de choisir des principes, des méthodes, des procédés, des mesures qui conviennent au but auquel on vise.

Si l'on disait à un tailleur de faire un vêtement pour homme, la seule désignation de ce vêtement jointe au nom d'homme lui apprendrait s'il y faut ou non des manches, un collet, des pans, etc.; mais elle ne pourrait lui suffire pour le faire convenablement. Si l'on faisait plus, si on lui montrait l'homme, sa vue lui permettrait de s'acquitter moins mal de la tâche, mais ne saurait encore l'empêcher de s'en acquitter fort mal, etc.

Pour que des principes, des méthodes, des mesures

soient rationnels, soient propres à remplir leur destination, il faut qu'ils se moulent sur le sujet : il faut donc que ceux qui les créent ou les proposent possèdent plus ou moins ce sujet, c'est-à-dire la notion des attributs.

Ainsi un premier principe évident, incontestable, c'est que sans cette notion des attributs on ne saurait, en quoi que ce soit, arriver que rarement à bien en fait de principes, de méthodes, de mesures quelconques, et que moins on y est versé, plus on est exposé à se tromper.

§. 3. — Tout genre de connaissances, toute science embrasse un certain nombre d'objets (1) principaux, et comprend par conséquent la notion de tous leurs attributs, ou du moins de tous ceux qui entrent en action dans les phénomènes dont il s'occupe. On ne peut donc y être instruit, et surtout le posséder plus ou moins, qu'à la charge de savoir d'abord quels sont ces objets, puis quels en sont les attributs. Mais quand cette connaissance ne fait que de naître, et que la société en est en mal d'enfant, non seulement les premiers sont à découvrir, mais encore les seconds. Il est donc fort essentiel alors de commencer par arrêter ses idées sur ceux-là, par les désigner. Il ne s'agit pas encore de les classer, de les coordonner, mais simplement d'être assuré de la réalité de leur influence, d'être certain qu'ils sont pour quelque chose dans la production des phénomènes qui sont du ressort de ce genre de connaissances. Je dis *la réalité*, et non *le degré*, *la valeur*, parce que l'appréciation de ceux-ci ne peut découler que de la notion de ces propriétés, c'est-à-dire de ce qui est à trouver ou à apprendre.

Un second principe donc se présente, c'est la nécessité de la désignation des objets, objets qui sont chacun comme la

(1) En physique, par exemple, ces objets sont la lumière, le calorique, l'électricité, le son, etc., etc.

représentation d'un groupe d'attributs. Cette désignation exige, il est vrai, que l'on ait déjà une teinte générale et plus ou moins sûre du genre de connaissances en question ; mais cette teinte peut être faible, en raison de ce que l'on n'a pas encore à s'occuper de l'importance de chacun. Ainsi il se pourra que l'on en accorde une fort considérable à des objets qui en ont très-peu, et réciproquement ; mais pour le moment cela aura peu d'inconvénients ; au début, répétons-le, la désignation seule suffit.

§. 4. — Les attributs ne sont saisissables que parce qu'ils se manifestent de quelque manière ; ils ont donc une ou plusieurs causes ; ils sont de plus presque toujours susceptibles d'être cause à leur tour, et de produire des effets qui eux-mêmes peuvent devenir causes (1). Leur étude consiste donc dans celle des causes et des effets. Et comme les uns et les autres sont corrélatifs, plus on a d'instruction sur les uns, plus on a de facilité et de chances pour en acquérir sur les autres.

La convenance, pour ne pas dire plus, de l'étude, simultanée ou non, des effets et des causes, est donc un troisième principe de rigueur.

§. 5. — Mais il y a des circonstances, des positions où l'on n'est pas à même d'observer certains effets, certaines causes, de les soumettre à des expérimentations ; à des in-

(1) Un des attributs de l'eau, par exemple, est d'être solidifiée par le froid. Or, cet attribut ne saurait être convenablement apprécié et connu que quand on a étudié, d'une part, la manière ordinaire d'agir du froid et les autres propriétés de l'eau qui contribuent plus ou moins avec ce froid à la solidification ; de l'autre, les phases du phénomène avant, pendant et après sa production ; enfin, l'action qu'en éprouvent les corps qui contiennent plus ou moins de cette substance. L'une des causes principales, le froid, resserre ordinairement, mais ici et à ce degré il dilate ; cet attribut se présente donc, sous ce rapport, comme une exception, et c'est là, dans l'espèce, un caractère qu'il est utile de connaître, d'étudier, etc.

vestigations plus ou moins prolongées, et suivies. Il est clair
que dans ces cas il est difficile, sinon impossible, de découvrir les attributs qui y sont relatifs, et même, s'ils sont
découverts, d'y obtenir des notions suffisantes ; que par
conséquent, s'il ne s'agit pas seulement des objets secondaires, mais de ceux de premier ordre, on se trouve plus
ou moins hors d'état d'apprécier avec justesse ceux des principes, méthodes ou mesures qui en dépendent plus ou moins
essentiellement.

§. 6. — Un principe qui n'est pas moins évident, c'est
que, connût-on parfaitement les attributs du plus grand
nombre de ceux-ci, il suffirait qu'on en ignorât ou négli-
geât un essentiel, et à bien plus forte raison plusieurs, pour
se fourvoyer facilement et plus ou moins fortement, parfois
même complètement, dans le choix des principes et des méthodes.

Que serait-ce donc si l'on n'avait des idées justes que sur
les attributs de l'un d'eux ou d'un petit nombre ?

§. 7. — Plus dans un genre de connaissances, quel qu'il
soit, le nombre des travailleurs est considérable, leur instruction tant pratique que théorique solide et variée, leur
liberté d'exprimer leurs opinions réelle, assurée, les récompenses à ceux qui s'y distinguent notoires et de nature à
encourager fortement, l'esprit de leurs chefs exempt de préjugés, de préoccupations, d'engagements inhérents à l'émis-
sion plus ou moins prononcée et publique de vues arrêtées,
et plus, toutes choses égales d'ailleurs, ce genre de connaissances marche rapidement et sûrement. Je n'ai pas besoin
d'ajouter que le fait inverse n'est pas moins exact.

Les conséquences ou le principe qui en découlent n'ont
pas besoin d'être formulés.

Il y a, comme on le voit, parmi ces prémices des faits

qui sont presque de l'ordre de ceux de M. de la Palisse; mais on ne tardera pas à reconnaître leur bienvenue, leur opportunité. C'est le plus souvent la nature du sujet qui doit déterminer la nature des arguments.

§. 8. — Un principe dont chaque jour voit de plus en plus s'étendre le domaine, c'est que la garantie la plus solide sur laquelle on puisse fonder une vérité, et surtout un ensemble de vérités, est l'association, l'accord entre la théorie et la pratique; c'est que bien qu'il soit exact de dire avec Olivier de Serre: « *Expérience passe science*, » il l'est bien plus encore de reconnaître que l'accord de l'expérience et de la science est supérieur de beaucoup, et que le vrai, le bon, le bien ne se manifestent jamais mieux et dans toute leur plénitude que là où il existe.

De là me paraît découler cette règle de conduite, ce principe, qu'en toutes circonstances, mais surtout dans celles où il est question de matières arriérées, et où par conséquent l'influence des noms et des positions sociales contribue puissamment à créer la confiance que l'on accorde aux idées, à décider du choix que l'on en fait, il est sage, avant de prendre un parti, d'examiner où est la théorie seule, la pratique seule, et où se trouve en plus forte proportion leur accord.

§. 9. — Quand un genre de connaissances est au berceau, on ne procède pas à son développement comme je viens de dire qu'il conviendrait de le faire, et cela par la raison fort simple qu'alors on ne se doute pas, du moins le plus souvent, qu'il soit destiné à le devenir, et que, quand bien même on s'en douterait, on ne pourrait le faire, attendu que l'on n'est pas même en état de désigner les principaux objets dont il doit s'occuper. Tout alors s'y montre obscurément, confusément, même les masses, les points principaux que plus tard on distinguera nettement, on subdivisera et examinera en détail. Sans doute les germes scientifiques existent déjà dans ce berceau ; mais ils s'y trouvent tellement mêlés et confondus avec des matières étrangères, même avec des ordures, qu'il est impossible de les y apercevoir, de les y saisir.

Tout ce qui tient à ce genre de connaissances est alors mal à l'aise, en retard, et l'on ne peut examiner de trop près la valeur des idées, des projets qui le mettent à contribution.

Une des preuves les plus palpables que l'on puisse donner de l'enfance d'une science est la manière dont elle manifeste son existence. Quand vous la voyez aller de-ci de-là, n'étant jamais sûre de la direction qu'elle veut prendre, et de temps à autre en prenant une tout-à-fait fausse ; parfois bégayant un mot, parfois en bégayant un autre, ne sachant presque jamais répondre aux questions même les plus simples, et surtout n'ayant pas même d'idiôme, on doit non seulement se garder de la prendre pour guide, mais encore lui donner des lisières.

§ 10. — Indépendamment des principes énoncés ou résultant de ces considérations, il y en a d'autres qui tiennent aux temps, aux circonstances, aux difficultés avec lesquelles les vérités pénètrent, aux obstacles qui les assaillent à leur entrée dans le monde ; et que je ne saurais passer sous silence, vu l'énergie de leur action ; c'est à elles surtout que s'appliquent mes épigraphes.

Depuis treize à quatorze ans que j'écris sur l'entretien des routes et le roulage, je le fais avec une sincérité que quelques personnes ont désapprouvée, et qui m'a nui. Mais comme je crois qu'elle a été fort utile (1), mais comme

______

(1) Il y a des circonstances où la sincérité rend plus de services, ou de plus grands services, souvent même à ceux à qui elle déplaît, que des découvertes même fort remarquables et avantageuses.

elle est dans ma nature, le ruisseau suit sa pente ; mais
comme elle n'a rien que de louable, je continuerai de la
prendre pour règle. D'ailleurs elle est loin d'exclure en moi
la bienveillance ; et je puis assurer que je n'hésiterais pas à
m'employer de mon mieux pour les personnes mêmes qui
m'en font presque un crime.

§ 11. — Il fut un temps, heureusement il est déjà bien
loin, où la mise au jour et même la simple propagation de
certaines idées exposait à des supplices, à des tortures. Plus
tard elle n'engendra que des persécutions ; enfin elle n'at-
tira plus que du mauvais vouloir, de la désaffection, un désir plus ou moins vif, il est vrai trop fréquemment suivi
d'effets, d'en faire pâtir de façon ou d'autre, immédiate-
ment ou médiatement, directement ou indirectement, mal-
adroitement ou adroitement, les auteurs ou leurs adhérents.

Ces modes de faire n'ont été que les phases à peu près
inévitables d'un phénomène d'état social qui se poursuit, et
qui, à mon sens, n'accuse que cet état, et nullement les
personnes, du moins en général, attendu que rien n'est plus
naturel que d'être indisposé contre ceux qui froissent, surtout publiquement, nos opinions, et que parmi les hommes
qui ont le pouvoir en main il n'y a que ceux d'une haute supériorité qui aient le courage de n'en pas faire alors un
mauvais usage.

Déjà, il est vrai, une grande amélioration s'est opérée
dans cette situation ; déjà même elle est telle, qu'elle peut
rassurer bien des esprits, et permettre à nombre de vérités
utiles qui jadis auraient dû rester sous le boisseau, de se
produire. Mais combien il s'en faut évidemment qu'elle soit
le dernier mot de la providence !

Aujourd'hui encore, et surtout dans les corps, dans les
administrations, beaucoup de personnes désapprouvent ceux

de leurs membres qui croient devoir publier des opinions plus ou moins différentes de celles adoptées par la masse, de celles exprimées par les chefs. Parfois on y a presqu'en horreur la publicité, et si on l'osait, on sévirait contre eux; aussi arrive-t-il souvent que, malgré les avantages précieux possédés par ces agglomérations, ceux inhérents à l'unité, à l'ordre, à la hiérarchie, le progrès y est d'une si excessive lenteur, qu'ils sont loin de rendre à la société tous les services qu'elle serait en droit de leur demander.

Sans doute il y a des cas, et surtout en certaines matières, où il serait fâcheux que ces opinions fussent connues, du moins avant telle ou telle époque; mais ces cas sont rares, ils ne sont qu'exceptionnels, surtout dans les corps savants et industriels, et la disposition qu'ont des esprits pourtant très-sensés à blâmer ces communications est due particulièrement à ce qu'ils ignorent ou perdent de vue ces trois vérités pourtant bien essentielles:

1.º Pour être convenablement éclairé sur quelque question que ce soit, la meilleure manière est de s'adresser à des personnes qui, en ayant beaucoup étudié théoriquement et pratiquement, pratiquement surtout, la matière, y ont fait leurs preuves. Or, quand le maniement de cette matière est confié à un corps, à une administration, il est clair que ce n'est que parmi ses membres que l'on peut en rencontrer;

2.º Mais cela ne suffit pas, il faut encore, généralement du moins, qu'il y ait discussion, débat contradictoire, et toujours entre individus spéciaux; entre individus ayant fait leurs preuves. Quand la spécialité n'existe que d'un côté, on peut être aisément induit en erreur;

3.º Enfin, la propension bien connue, et je crois incontestée, qu'ont les administrations à ne modifier leurs us et

coutumes qu'avec beaucoup de lenteur et souvent aussi de
difficulté, propension qui du reste a en général sensiblement plus d'avantages que d'inconvénients, et est un puissant élément de stabilité, a, parmi ces inconvénients, celui fort grave de dégénérer souvent en routine et d'avoir besoin de contre-poids, de correctif; mais ce contre-poids,
ce correctif ne peut être fourni que par ces individus

A quoi les sciences constituées ont-elles dû leur avancement, et doivent-elles chaque jour leurs progrès ? En ma-
jeure partie à ce que ceux qui les cultivent, animés d'une
louable émulation, n'hésitent pas à publier leurs opinions,
c'est-à-dire les résultats de leurs études, de leurs investigations, de leurs expériences, et à se croire heureux quand
ils ont découvert des vérités nouvelles, bien que fort souvent ces vérités viennent dévoiler des erreurs, des idées
fausses, et par une conséquence presque forcée, blesser
plus ou moins des amours-propres, des intérêts.

Mathématiciens, astronomes, chimistes, physiciens,
naturalistes, médecins, etc., etc., tous les savants sont
journellement aux prises avec la science et l'ignorance, et
ne pourraient s'empêcher, quoi qu'ils fissent, d'être plus
ou moins souvent entre eux en dissidence, en opposition.
Bien mieux, c'est de ces dissidences, de ces oppositions, de
ces plaidoyers contradictoires que jaillit presque toujours
le plus de lumière.

Que peut-on faire de mieux que de les imiter, en cela
du moins, surtout dans les corps savants, et plus particulièrement dans ceux de ces corps qui directement ou indirectement exercent une action plus ou moins vive et incessante sur une ou plusieurs des industries fondamentales de la
prospérité publique?

Des faits et attributs développés dans ce paragraphe résultent donc les principes suivants qui sont la reproduction presque textuelle de leur ensemble.

§. 12. — Quand l'étude et surtout la pratique d'un genre de connaissances est confinée, ou peu s'en faut, dans un corps, dans une administration, la société a un intérêt notoire à encourager ses membres à signaler les erreurs qui peuvent y exister, s'y glisser, s'y opposer au progrès. Quand ce genre de connaissances régit ou influence fortement les industries qui sont la base de sa prospérité, que lui-même surtout est une science, un art, un métier, elle en a un immense.

§. 13. — Lorsque des hommes qui ont vieilli dans un corps où ils ont fait leurs preuves en quelque spécialité, ne craignent pas d'affirmer, et avec persévérance, dans une suite d'écrits, que telles et telles idées sont inexactes ou fausses, la société fait œuvre de sagesse en examinant avec une sérieuse attention, en approfondissant de son mieux les considérations sur lesquelles ils s'appuient, et en leur facilitant les moyens de les mettre en lumière.

§. 14. — Résumons cette première partie, et, pour le faire plus brièvement, n'énonçons que les principes; les faits et attributs qui servent à les établir s'y trouvant suffisamment rappelés. Ne les énonçons même qu'en peu de mots et comme pour servir de mémento.

1.º En quelque matière que ce soit, moins on est versé dans la science des attributs plus on est exposé à se tromper;

2.º Pour procéder à la découverte ou à l'étude de cette science il faut d'abord procéder à la désignation des objets qui embrassent, qui groupent tous les phénomènes qui lui appartiennent;

3.º On ne peut avoir de notions passables sur les attributs qu'autant que l'on en a sur les causes et sur les effets;

4.º On ne saurait apprécier convenablement la valeur des principes, méthodes ou mesures qui dépendent en grande partie, et surtout en entier, d'attributs que l'on n'aurait pas étudiés;

5.º L'ignorance d'un seul attribut essentiel, et à plus forte raison de plusieurs, suffit pour faire commettre les erreurs les plus graves dans le choix des principes, des méthodes, des mesures;

6.º Les conditions les plus favorables au progrès dans un corps sont : d'abord, comme partout, l'affranchissement de la pensée, ensuite une instruction pratique et théorique aussi variée que possible, enfin et surtout des récompenses exemplaires, notoires, aux sujets de tous ordres qui s'adonnent à la partie où l'on veut qu'il ait lieu;

7.º L'importance de l'union de la pratique et de la théorie est telle, que, quand dans des discussions relatives à une profession à laquelle on est étranger on a à porter un jugement, il est nécessaire de se préoccuper beaucoup du côté où cette union, cet accord paraissent le mieux établis;

8.º Toute science dont l'existence se manifeste par une allure indécise et sans tenue, par un manque d'ordre et de classification, par une absence plus ou moins complète d'idiome, n'a pas de lois à imposer à la société, pas même de conseils à lui donner; elle a à en recevoir des lisières;

9.º Quand la culture d'une science, art ou métier qui est d'un intérêt capital pour la prospérité d'un pays, est confinée dans un corps, la société a le plus grand intérêt à encourager ses membres à signaler les erreurs qui peuvent s'y opposer à ses progrès;

10.º Lorsque des hommes qui ont vieilli dans un corps et s'y sont créé une spécialité, ne craignent pas d'affirmer, de répéter sans cesse, dans une suite d'écrits, que des idées sont fausses, il est prudent, il est sage, si ces idées exercent ou peuvent exercer une grande influence sur la prospérité publique, d'approfondir leurs raisons et de se prêter aux essais qu'ils proposent, toutes les fois que ces essais peuvent être exécutés sans de grandes difficultés et de grandes dépenses.

EXPOSÉ

DES FAITS, ATTRIBUTS ET PRINCIPES PARTICULIERS.

§. 15. — L'étude des principaux phénomènes que présentent l'entretien des routes et l'industrie des transports conduit à reconnaître que les objets qui y jouent le rôle le plus important sont les suivants :

EN CE QUI TOUCHE L'ENTRETIEN.

1.º Le taux des crédits ;
2.º Le chiffre et l'espèce de la fréquentation ;
3.º La nature des matériaux ;
4.º Le degré de spécialité des surveillants et des ouvriers ;
5.º Le climat.

D'autres, il est vrai, et dont l'influence n'est point à négliger, sont encore à considérer : ainsi, par exemple, il y a des contrées, des localités où les pluies fines et les brouillards sont rares, et d'autres où ils sont communs ; or, l'usure et les difficultés de l'entretien sont ordinairement sensiblement plus grandes dans celles-ci que dans celles-là. Ainsi il y en a où, dans la mauvaise saison, les alternatives

de gel et de dégel sont fréquentes, et d'autres où elles se
montrent à peine ; or, les premières ont un désavantage incontestable sur les secondes. Ainsi, dans les pays accidentés et
montueux l'usure est ordinairement plus considérable, ainsi
de plusieurs autres ; mais je ne les fais pas entrer en
ligne de compte ici, parce que leur valeur est généralement
fort inférieure à celle de ceux-ci, des quatre premiers, surtout.

EN CE QUI TOUCHE L'INDUSTRIE DES TRANSPORTS.

1.º Les relations, celles financières particulièrement,
qui existent entre l'industrie des transports et l'entretien des
routes ; entre l'attaque et la défense ;

2.º L'étendue de la surface de contact des jantes avec les
routes ;

3.º La charge maximum qu'une voiture à jantes déter-
minées est susceptible de porter, soit exceptionnellement,
soit habituellement ;

4.º L'effet comparatif des roues et des chevaux sous le
rapport de l'usure, de la détérioration des routes ;

5.º Le mode de construction des roues, la manière
dont elles sont établies sur leur essieu, leur diamètre, leur
état ;

6.º L'emploi des ressorts ;

7.º La vitesse des transports ;

8.º L'intensité du tirage.

Les faits, attributs et principes qu'embrassent ces treize
objets sont, comme on peut le voir dans mon Essai de
traité d'entretien, fort nombreux. Mais ceux dont j'aurai à
faire usage dans cet opuscule ne le seront pas, attendu que
pour en atteindre le but cela n'est pas nécessaire.

Je me bornerai à fournir sur chacun les notions que je croirai les plus propres à y parvenir. Si on les trouvait insuffisantes, il faudrait recourir à cet Essai.

§. 16. — *Taux des crédits.*

La pratique a fait voir que la somme consacrée annuellement à l'entretien exerce, toutes choses égales d'ailleurs, la plus grande influence sur le degré de bonté et de beauté de la viabilité (1); la théorie l'enseignait également, car on conçoit sans peine, par exemple, qu'une route dont la fréquentation journalière est de mille colliers doit exiger environ cent fois autant que celle qui n'en a que dix.

Quand le taux des crédits est élevé, on peut, à la moindre couche de boue ou de poussière, procéder, quand l'art le conseille, à l'ébouage ou à l'époudrage; on peut, afin d'obtenir de meilleurs matériaux, lesquels facilitent singulièrement l'entretien, et rendent la viabilité plus satisfaisante, les payer beaucoup plus cher; on peut, en exécutant le cassage très-fin, faire des emplois dans une foule de flachettes, etc.; ... on peut, dès qu'un profil s'est plus ou moins déformé, le ramener à l'état normal; on peut écrêter, dégazonner plus souvent, dresser fréquemment les arêtes des accotements, les talus; procéder de même au nettoiement des fossés, etc., rendre la surveillance beaucoup plus efficace et plus spéciale.

Je n'en finirais pas si je disais tout ce que l'on peut faire

(1) Il y a en Angleterre des routes à l'entretien desquelles on dépense annuellement plus de soixante mille francs par lieue, d'autres auxquelles on en consacre plus de quarante, comme aussi il y en a qui ne reçoivent que quelques centaines de francs. En France, et bien que la circulation soit aussi active, les chiffres les plus forts dépassent rarement une douzaine de mille francs, et les plus faibles, ceux qui concernent les chemins vicinaux, sont souvent au-dessous de deux cents francs; leur exiguité relative est due surtout à ce que l'on n'y apprécie pas encore aussi bien l'utilité des bonnes routes.

pour la bonté, la propreté et la beauté, je ne parle même pas de l'agrément, avec des crédits considérables.

Avec des crédits faibles au contraire, il n'est sorte de privations qu'il ne faille imposer à la bonté, à la propreté et à la beauté. Je ne les énonce pas, parce que, d'après ce que je viens de dire, on peut aisément s'en faire une idée.

Mais comment reconnaître que des crédits sont forts ou qu'ils sont faibles? C'est là une question délicate, et que l'on n'avait pas même songé à poser.

Les attributs des crédits sont, comme ce peu de mots permet d'en juger, nombreux et d'une grande influence. Il suffit qu'ils ne soient pas trop mal compris pour donner lieu à des combinaisons très-utiles et fort intéressantes pour la viabilité.

Le principe qui en découle, c'est que, dans les questions où la viabilité joue un rôle plus ou moins prononcé, il est bien essentiel, il est même nécessaire de ne pas perdre de vue cette influence.

§. 17. — *Chiffre et espèce de la fréquentation.*

Le chiffre et l'espèce de la fréquentation exercent, ainsi que je l'ai souvent démontré, sur l'état des routes, une action telle, qu'en général l'entretien ne commence à devenir difficile et à exiger de la spécialité que quand il atteint environ deux cents colliers, dont un certain nombre de gros roulage; une action telle, que c'est à lui surtout qu'une foule de routes doivent d'être mauvaises. Cet attribut est certainement un de ceux qui méritent le plus d'être pris en considération dans les questions de roulage et d'entretien.

Une autre propriété de la circulation, et que l'on oublie trop souvent, ce qui est d'autant plus injuste et fâcheux qu'elle est très-utile, est celle qu'elle a d'opérer l'enchevêtrement des matériaux, de les constituer en chaussées, car

2

lès ingénieurs et leurs agents ne font que préparer ce travail, c'est elle qui l'exécute. Une troisième de même ordre, et qui, elle aussi, est fort essentielle, bien que plus souvent encore oubliée ou méconnue, consiste dans le raffermissement des chaussées et des accôtements à la suite de longues pluies, ou d'inondations ou de dégels.

On a vu, dans mon Essai de traité d'entretien, qu'il y a des moments où la surface des routes est si molle et si tendre, que sur celles de ces voies qui sont fatiguées, et où par conséquent tout se passe vite, des frayés, puis des ornières peuvent être créés promptement, même par des voitures vides (1). Eh bien ! ce gênant et fâcheux attribut des empierrements peut être très-amoindri et presque annulé par l'attribut auquel je fais allusion, et surtout au moyen des larges jantes.

De ces propriétés de la circulation, les unes destructrices, les autres réparatrices et conservatrices, émanent les deux principes qui suivent.

Dans la plupart des questions de routes, dans celles surtout qui ont trait à la comparaison de leur état, ou qui

(1) Peu de personnes encore savent qu'à ces moments, qui sont les plus pénibles pour les routes, c'est leur mauvais côté, et tout en ce monde a son mauvais côté ; qu'à ces moments où elles sont le plus exposées à être tirantes, frayées, et où parfois elles le sont plus ou moins long-temps (quelques jours, une ou deux semaines au plus, quand elles sont bien traitées); qu'à ces moments, dis-je, des emplois de matériaux ne remédieraient point au mal, que c'est à la circulation, aux roues surtout, qu'il faut confier le soin de la guérir ; que ce qu'il y a de plus essentiel alors, et de seul véritablement essentiel, c'est de la faire varier, et cela par des moyens qui ne la fatiguent pas ou la fatiguent peu.

Est-il rationnel, je le demande, quand une chaussée est convenablement composée, et n'a d'autre défaut que d'être plus ou moins boursoufflée, de combattre par des emplois, qui d'ailleurs sont encore plus gênants pour la circulation, des dégradations que l'on peut éviter, et auxquelles ils ne remédient pas ? C'est ainsi que l'on agit partout, mais ce n'en est pas plus rationnel ; ce qui l'est, c'est de faire cesser le boursoufflement.

concernent de roulage, on est exposé à commettre de graves erreurs quand on ne tient pas suffisamment compte, et à bien plus forte raison quand on ne tient pas compte du tout, du chiffre et de l'espèce de la fréquentation.

Il est fort utile, *dans la pratique* de l'entretien, de diriger de temps à autre l'action de la circulation. L'expérience enseignant qu'il y a des moyens d'y parvenir sans la gêner d'une façon appréciable, il est important de les mettre en œuvre. Cela n'est pas moins utile *dans la théorie*, surtout quand, dans les questions que l'on traite, on croit devoir chercher à encourager tel ou tel genre de voitures plutôt que tel ou tel autre, car il est clair que toutes ne possèdent pas au même degré la faculté de produire cet effet.

§ 18. — *Nature des matériaux.* — On a vu, dans l'Essai déjà cité, que les matériaux ont, suivant leur nature, des attributs fort divers; il était donc probable que dans la pratique ils devaient aussi se conduire d'une manière fort diverse. C'est en effet ce qu'elle enseigne; elle enseigne que l'influence de cette nature est considérable (1). De-là ce principe non moins sûr que les précédents.

Il y a des circonstances où, dans une même localité confiée aux mêmes surveillants, et traitée absolument de même, la viabilité de deux parties, qui n'ont entre elles d'autre différence que celle de la pierre, présente un contraste remarquable, tellement remarquable, que l'une est à peu près constamment de toute beauté, et que l'autre, bien que

____

(1) Il n'y a pas bien des années encore, on disait généralement que c'était la bonté des matériaux qui faisait la bonté des routes (il est vrai que l'on ne s'accordait pas, comme aujourd'hui encore on ne s'accorde pas sur ce qui fait cette bonté, et que par exemple les uns préféraient ceux siliceux, les autres ceux calcaires). J'ai prouvé que c'était une erreur; mais c'en serait une autre et très-forte, bien qu'en sens contraire, de croire cette nature indifférente.

cependant cette pierre y soit assez bonne, est souvent, disons mieux, habituellement, plus ou moins médiocre (1). C'est surtout sur les routes fatiguées, que cet effet se manifeste : une nuit seule y peut suffire, en raison plus particulièrement de l'absence des ouvriers, pour le produire et le rendre même très-prononcé.

Mais en aucun pays que je sache on n'est d'accord sur les qualités qui constituent la bonté, et dans le service d'expériences, par exemple, il s'est trouvé des matériaux qui avaient été rejetés par mes prédécesseurs comme mauvais, et qui ont été repris par moi comme bons.

La grande influence que la qualité des matériaux exerce sur la viabilité, et non seulement sur la viabilité, mais encore sur la facilité de l'entretien, ne saurait être contestée : et, sur telle route aujourd'hui très-mauvaise pendant une partie de l'année, il suffirait souvent, parfois même sans modifier les crédits et la spécialité, ou du moins sans les modifier beaucoup, de changer ceux employés pour changer aussi cet état.

De-là ce principe non moins sûr que les précédents.

Au nombre des causes les plus efficaces d'une bonne viabilité et des éléments que l'on doit prendre en plus sérieuse considération sur les routes fatiguées, et surtout sur celles qui le sont outre mesure, il faut mettre la nature des matériaux.

§. 19. — *Spécialité des surveillants et des ouvriers.*

Y a-t-il au monde une science, un art, un métier qui

(1) Dans le service d'expériences sur l'entretien des routes, plusieurs de mes collaborateurs ont des localités de ce genre.

On peut, au moyen de plus de spécialité, de plus de dépenses et de soins, affaiblir cette différence, mais on ne saurait la détruire.

ne doive la plus grande partie de ce qu'il est, et souvent tout ce qu'il est à la spécialité.

Quand on songe qu'il y a peu de temps encore les cantonniers étaient à peine visités une ou deux fois par mois par des surveillants, et qui plus est par des surveillants qui avaient à peine les premières notions de l'entretien ; quand encore ils en avaient, ce qui était très-rare ; quand on songe que même aujourd'hui il y a une foule de routes qui sont sous ce rapport dans une pénurie presque absolue ; on se demande comment il se pourrait que la spécialité fût commune ; on se demande s'il serait étonnant que parmi ces voies il y en eût qui, bien que trop fortement rétribuées, fussent mauvaises, voire même très-mauvaises (1) ; qu'il y en eût aussi qui fussent plus ou moins insuffisamment rétribuées, sans même que l'on s'en doutât.

La spécialité de la *surveillance journalière* (2) est dans l'entretien d'une importance capitale, d'autant plus capitale, qu'en raison des distances elle ne peut consacrer à chaque cantonnier que quelques instants par jour. Or, quand on sait que dans la saison où la viabilité est exposée à être plus ou moins en souffrance il faudrait, sur les

(1) Il semblerait, il est vrai, résulter de quelques passages d'un écrit publié par un ingénieur qui s'occupe d'entretien avec beaucoup de succès, que cet ingénieur considère des crédits surabondants comme un mal. Mais indubitablement ce n'est pas là ce qu'il a voulu dire, car ce serait absurde : de ce que malgré cette surabondance, des routes peuvent être fort mauvaises, il ne s'ensuit pas qu'elle en soit cause ; elle est un moyen, non un obstacle ; c'est dans l'emploi défectueux qu'on en fait que gît le mal.

(2) On confond presque constamment la surveillance journalière avec celle mensuelle, demi-mensuelle ou hebdomadaire. C'est à tort ; il y a entre elles, pour les résultats, une grande différence. Sur les routes fatiguées, celle-ci ne peut suffire ; la surveillance y doit être de tous les jours ; et sur certaines, suivant les époques, de plusieurs fois par jour. Ajoutons qu'une surveillance spéciale, même hebdomadaire, est préférable à une surveillance journalière non spéciale : j'admets, comme bien on pense, que l'on est parvenu à assurer l'exactitude.

routes fatiguées du moins, pour lui faire faire ce qui convient et de la manière dont cela convient, ne presque pas le
quitter ; quand on sait combien d'attributs sont en jeu dans
les phénomènes qui s'y passent alors, et que la plupart
de ces attributs, on pourrait dire presque tous, sont ignorés
de ceux qui ont à les guider, on s'explique sans difficulté
et sans avoir besoin de recourir à d'autres causes, l'im-
perfection de cette viabilité et l'état profondément arriéré
de l'entretien.

L'attribut *in globo* de la spécialité est de savoir tirer le
meilleur parti possible des hommes, des matériaux, des
instruments, des principes, des méthodes, des circonstances, de tout ce qui doit ou peut concourir à un but ; de
prévoir le temps et les événements, de saisir l'opportunité :
cet attribut est presque le succès.

Un principe irréfragable en découle, c'est que partout
où elle fait plus ou moins faute, nul ne peut assurer que le
mal, s'il existe, ne serait pas, quelque grave qu'il fût,
détruit en l'améliorant, et surtout fortement

Un autre principe non moins évident, et qui aurait dû
peut-être précéder celui-là, c'est que partout où l'entretien
laisse à désirer, et surtout beaucoup, on ne peut s'efforcer
trop de créer, d'établir, d'organiser la spécialité.

§. 20. — *Climat.*

Tout le monde n'a pas eu occasion d'observer et surtout
d'étudier pratiquement les effets du climat sur la viabilité et sur les modifications qu'il peut exiger dans l'emploi
des méthodes d'entretien ; mais tout le monde ou presque
tout le monde en a l'idée, la prescience. Qui ne sait par
exemple qu'en général les routes du midi sont moins mauvaises et moins long-temps mauvaises que celles du nord ?
Aussi, affirmer que dans l'appréciation des questions dont

cet entretien et l'industrie des transports peuvent être l'objet, le climat doit être souvent pris en sérieuse considération, est-ce affirmer une chose que personne ne songera à
contester ?

Il n'y a ici aucune utilité à rappeler ce que, dans mon
Essai, j'ai dit des principaux attributs du climat. Il me suffit
de faire remarquer que, puisque son influence est grande,
il est rationnel d'établir ce principe, légitimé d'ailleurs par
ces attributs.

Quand deux climats diffèrent d'une façon plus ou moins
notable, les procédés d'entretien et les réglements relatifs à
la viabilité doivent, au fur et à mesure que ces procédés se
perfectionnent, emprunter quelque chose à cette différence.
Une science qui n'en tient aucun compte porte, par cela
même, le cachet de l'enfance.

Des cinq faces principales, sous lesquelles nous venons
d'envisager l'entretien, il y en a deux fort importantes,
la circulation et le climat, qui doivent être considérées
comme indépendantes ou à peu près de la société, du moins
pour un long temps ; mais les trois autres sont à peu de
chose près à sa disposition, à sa merci. Or, heureusement
pour elle, toutes trois correspondent à des forces d'une
grande puissance.

Passons à celles que l'on peut placer plus particulièrement dans le cadre de l'industrie des transports, qui est,
elle, le but, l'entretien n'étant qu'un moyen.

§. 21. — *Relations principales entre l'industrie des trans-*
ports et l'entretien.

Depuis bien des années je ne cesse de faire remarquer
que les routes sont faites pour l'industrie des transports,
et par suite pour la société, et non celles-ci pour les routes ;
que par conséquent c'est à l'entretien à recevoir la loi et non

à la donner, sous la réserve bien entendu qu'il aura ou qu'il lui sera fourni les moyens d'y satisfaire. La découverte, le choix de ces moyens, qui sont pour la prospérité de chaque pays une question de haute importance, ont été depuis quelques années et continuent d'être l'objet d'investigations et de discussions plus ou moins positives et approfondies. Il n'est donc pas douteux qu'avec la facilité qu'a aujourd'hui la vérité de se faire jour, on ne soit dans peu de temps entièrement édifié sur la valeur tant de ceux qui ont été produits ou se produisent que des principales idées émises à leur sujet.

Nous avons déjà vu qu'ils offrent à la société trois forces d'une grande énergie, le taux des crédits, la spécialité et la nature des matériaux. Mais quel est le degré de cette énergie? mais quel est celui de la résistance qu'elles ont à vaincre? C'est ce dont on ne tardera pas à être plus ou moins en état de juger.

On sait (voir ma brochure intitulée : Comparaison des Routes, etc.) que le chiffre moyen de fréquentation journalière des routes royales de France est de 111 colliers, et leur crédit moyen annuel par lieue de 2,200 f. (1). Le coût de l'entretien y est donc, par collier et par jour, de 0 f. 054; à cette somme il faut ajouter celle qui résulte de l'intérêt du prix de construction de ces voies. Or, en portant à 4,000 f. par lieue cet intérêt, je l'exagère évidemment plutôt que je ne l'affaiblis : cela ferait par jour et par collier 0 f. 099, c'est-à-dire en tout 0. f. 153. Voilà ce que la société française paye en moyenne sur les routes royales, par jour et par collier, pour les services qu'elles lui rendent.

(1) En Angleterre (voir le même ouvrage) la fréquentation moyenne est de cent colliers, et la dépense annuelle d'entretien, par lieue aussi, de 5,300 f., non compris bien entendu l'intérêt du prix de construction.

Or, quels sont ces services? Je renvoie pour leurs détails à l'ouvrage précité où l'on verra qu'ils sont immenses, et que coûtassent-ils le double, le triple, le quadruple de cette somme, il n'y aurait pas à hésiter à le leur consacrer; ici je ne les envisagerai que sous le point de vue financier et immédiat.

Sur les routes royales un collier représente moyennement le transport de près d'une tonne. Ce transport revient à la nation à environ 0 f. 80 ou 1 f. 00 suivant les circonstances; supposons 0 f. 90 (1). Il a donc évidemment pour elle au moins cette valeur; et même sensiblement plus. Ainsi c'est six fois ce qu'exige d'elle l'instrument par le moyen duquel il est exécuté.

Sous ce point de vue, les musées, les bibliothèques, les promenades publiques, les monuments, les places, etc., sont loin généralement de lui être comparables; mais des rues lui sont supérieures. La première des trois forces dont nous venons de parler pourrait donc, si la convenance et surtout les besoins s'en faisaient sentir, être fortement accrue, tout en restant considérablement au-dessous des services que rendent les routes.

C'est là une propriété de la réalité et de la valeur de laquelle il serait bien utile que des hommes d'état et des législateurs fussent pénétrés.

Elle me paraît conduire à l'adoption du principe suivant :

Puisque les routes sont faites pour la société, pour les transports, et non ceux-ci pour les routes, et que leur entretien coûte considérablement moins qu'il ne rapporte, il

---

(1) Chez les autres peuples il coûte en général beaucoup plus cher; en Angleterre et aux États-Unis il coûte du double au triple de cette somme.

est plus sage et mieux entendu d'augmenter, si les circonstances l'exigent, les frais de celui-ci que de s'exposer, en
agissant directement sur les transports, à nuire plus ou
moins fortement à l'industrie qui les exécute, et par suite à
la société.

L'agriculture est sinon la base la plus ferme, la plus
solide, la plus sûre de la prospérité de la France et d'un
assez bon nombre de pays, du moins bien près de l'être. Or,
si l'on examine ce qui se passe dans les campagnes, on y voit,
surtout, dans les contrées peu riches, une quantité considérable de voitures à jantes minces, étroites, qui y sont
employées à la culture, et qui non seulement n'empruntent généralement que de loin en loin les grandes routes,
mais qui encore, quand elles s'y montrent, ne le font
presque jamais qu'avec des charges fort inférieures, toute
proportion gardée, à celles tolérées par les réglements en
usage.

Le nombre m'en paraît être de plus d'un million (1).
Celui des voitures de roulage proprement dit, lesquelles em-
ploient 140 mille chevaux, étant au plus de 80,000, il y
aurait donc au moins douze fois plus des premières que des
secondes. Or, celles-là ont rarement des jantes de plus de
0. 06; beaucoup, plusieurs centaines de mille à coup sûr,
n'en ont que de 0. 05, et une certaine quantité de 0. 04,
ou guères plus; j'en ai mesuré qui n'avaient même pas cette
dimension.

En est-il de même dans les autres pays? Je l'ignore; mais
il me semble que pour un assez bon nombre, et surtout pour
ceux où l'agriculture joue, ou peu s'en faut, le premier rôle;

---

(1) On voit dans la première partie de mon Essai sur l'entretien (page 20), que l'ensemble des voitures de la campagne peut être évalué à
deux millions et demi.

cela est présumable. Toujours est-il qu'un des grands faits qui en France concernent les voitures, c'est que dans les campagnes on en emploie une quantité considérable qui n'ont que des jantes de six centimètres et au-dessous, que cette quantité paraît excéder beaucoup celle des voitures du roulage proprement dit, qu'elles ne fréquentent les routes que de temps à autre, et que presque toujours elles le font avec une faible charge (1).

De-là me paraît découler ce principe :

Toute mesure concernant l'industrie des transports doit, si l'on ne veut courir la chance de causer un préjudice notable à une industrie (l'agriculture) dont beaucoup d'habitudes et de procédés sont la conséquence d'attributs inhérents à sa nature, à sa position, et que le plus souvent on ignore et qu'on n'a pas même pensé à étudier, doit, dis-je, éviter d'atteindre, et surtout fortement, sinon toutes les voitures de la campagne, au moins celles à jantes de 6 centimètres et au-dessous.

§. 22. — *Étendue de la surface de contact des roues avec les routes.*

Lorsque les roues sont au repos, cette étendue dépend en théorie, essentiellement et même uniquement ou peu s'en faut, de la largeur des jantes et de la grandeur des diamètres ; en *pratique*, elle dépend aussi, et d'une façon notable, d'autres causes très-puissantes et fort variables, telles que le jeu des roues sur leur essieu, le carrossage, le poids des voi-

---

(1) Dans les villes comme dans les campagnes, il y a un grand nombre de propriétaires qui, les uns sans se mêler de culture, les autres ne s'en mêlant que très-peu, ont pour leur usage des chars à jantes de 5 centimètres ou environ, sur lesquels ils ne mettent presque jamais que des charges très-légères, et bien au-dessous proportionnellement de celles tolérées même pour les voitures le moins bien traitées.

tures et de leurs charges, l'état des bandes et celui des
routes...

Ces causes, même abstraction faite de la dernière, ont
une action si changeante, si peu connue, si incertaine,
qu'on se perd à lui chercher quelque loi.

Lorsque les roues sont en marche, ce qui est le cas dont
on doit surtout s'occuper, puisque c'est celui qui les met
en relation avec les routes et dans lequel elles les usent,
les dégradent, *la théorie* n'est plus aussi à l'aise avec les
diamètres; car si, par exemple, l'espace parcouru est de
cent mètres, peu importe à peu près, quant à l'étendue
du contact, qu'il l'ait été par un diamètre ou par un autre,
du moment que la largeur des jantes ne change pas : la *pratique*, ou plutôt l'expérimentation, enseigne que, dans ce
cas-là également, on se perd à chercher quelque loi à leur
action. Elle fait voir d'ailleurs que c'est se fourvoyer pleine-
ment que de croire que les larges jantes sont les seules qui
ne touchent pas les routes sur toute leur largeur, et que cet
attribut appartient même aux roues les plus étroites, et
assez ordinairement en proportion peu différente.

Le principe qui ressort de ces propriétés, c'est que toute
loi, toute mesure qui, dans la question des chargements,
ne prendrait pour base que la largeur des jantes ou la grandeur des diamètres, ou toutes deux, négligerait des causes
énergiques, et serait par suite nécessairement peu en rapport avec la pratique.

§. 23. — *Charge maximum portée par les voitures.*

Sur les routes où il n'y a pas de ponts à bascule, et où
le roulage est complètement libre, comme sur celles où il y
en a, et où il est plus ou moins gêné, jamais encore on n'a
trouvé une charge qui dépassât **220** kilog. par zone. De
plus, l'observation enseigne qu'à part de fort rares excep-

tions qui approchent plus ou moins de ce chiffre, les voitures les plus lourdes, et elles ne sont pas communes, ne pèsent constamment, toujours bien entendu par zone d'un centimètre, que 170 à 180 kilog., et cela, même dans les localités où les transports sont complètement dégagés d'entraves, et sur les meilleures routes, et non seulement en hiver, mais, sauf modifications, même en été.

Or, des expérimentations positives, nettement dessinées, exécutées en présence d'ingénieurs nommément désignés, parmi lesquels se trouvait celui de MM. les inspecteurs qui s'est à beaucoup près le plus occupé d'entretien, ont prouvé que des chaussées en bon état peuvent supporter, même dans la mauvaise saison et pendant les temps humides, jusqu'à des pressions de quinze cents kilogrammes, toujours par zone, je le répète (1).

Ces faits que les partisans de la réglementation ne citent jamais, ne cherchent jamais à combattre, n'ont pas même l'air de connaître, sont pourtant d'une haute valeur, et pourraient déjà être considérés à eux seuls comme la clef de fortes erreurs.

Il y a en eux deux attributs essentiels, l'un inhérent aux voitures actuelles, duquel il résulte qu'elles sont loin, comme le croient et cherchent à le faire croire ces partisans, d'être capables de porter de très-lourdes charges, à bien plus forte raison des charges indéfinies ; l'autre, qui appartient aux empierrements et qui apprend que, quand ils sont bien tenus et dans des conditions convenables, ils sont capables d'une résistance bien plus grande qu'on ne le pense communément.

(1) Ces observations et essais que depuis bien des années je ne cesse de signaler dans mes écrits, n'ont jamais été contestés, du moins à ma connaissance.

Celui-ci n'est-, il est vrai, qu'un de leurs bons côtés : or,
les bons côtés d'une chose ne sont qu'une des faces de la vérité; elle en a toujours deux qui sont opposées, et une foule
à droite et à gauche qui tiennent plus ou moins de l'une et
de l'autre.

Le mauvais, c'est cet attribut en vertu duquel, par certains dégels, les chaussées, même les mieux constituées, se
boursoufflent plus ou moins, et perdent une telle portion
de leur résistance, que, quand des voitures suivent un même
sillage, il suffit de quelques passages, même à vide, pour
voir commencer un frayé (1). Que faire alors? Employer
les procédés que j'ai indiqués dans mes écrits?

Du reste, sur les routes bien tenues, cet attribut se manifeste rarement plus d'une ou deux semaines par an! La
théorie ne manquerait pas de vite appeler à son aide les
barrières de dégel; la pratique se bornerait à ces procédés.

Le mauvais encore, c'est cet autre attribut qui consiste
en ce que des continuités de pluies fines ou de brouillards
épais viennent, aux époques surtout où les nuits sont longues, saturer les routes de toute l'humidité qu'elles peuvent
absorber, et glacer les ouvriers. Diminution de la résistance, diminution du travail, voilà ses résultats immédiats.
Mais là où les crédits sont suffisants, ils ont dû être pré-
vus, et leurs conséquences évitées.

Tous les côtés mauvais réunis offrent, et encore seulement sur les routes fatiguées, des chances de viabilité plus
ou moins en souffrance pendant un ou deux mois, trois si

(1) Dans ces circonstances une route fatiguée, et surtout très-fatiguée,
si elle est en des mains inexpérimentées, peut être abîmée et même bouleversée en peu de jours. On en conclut, car beaucoup de ces routes sont
malheureusement dans ce cas, qu'il faut réglementer l'industrie : est-ce là
de la raison?

vous voulez. Mais qui donc est toujours bien portant ?
quelle chose n'a des chances de même genre ? les rivières,
les canaux, les chemins de fer n'en ont-ils pas de plus sé-
rieuses encore ? La théorie n'y voit qu'un remède : c'est la
réglementation, et qui mieux est la réglementation pour
toute l'année; trois mois font la loi à neuf. La pratique y
oppose la spécialité ; et s'il y a lieu, l'augmentation des crédits, le changement des matériaux. Elle se garde de jeter
le manche après la cognée ; elle sait qu'elle a à son service
une, deux, trois forces d'une grande puissance.

De ces attributs ressort ce principe :

Puisqu'il est démontré que la charge maximum portée
par les voitures ne dépasse pas 200 et quelques kilog., que
pendant les cinq sixièmes et plus de l'année les chaussées,
placées dans des conditions convenables et qu'il n'est pas
difficile de créer, peuvent résister à des charges beaucoup
plus lourdes, que la viabilité ne court d'ailleurs, même
pendant les deux mois restants, que des risques d'imperfec-
tion, risques faciles à amoindrir de plus en plus, il est évident que ce que l'intérêt de la société demande c'est que
les routes soient placées dans ces conditions convenables.

**§. 24. — *Effet comparatif des roues et des chevaux sous
le rapport de l'usure.***

On n'a encore aucune donnée précise ni même tant soit
peu approximative sur le rapport qui existe entre l'usure
produite par les roues et celle qui l'est par les pieds des chevaux, et cela n'est pas étonnant : on n'en a pas même sur
celle due à des roues de largeurs différentes, mais également
chargées, ou à des roues de même largeur, mais différem-
ment chargées; toutes les autres choses restant les mêmes.

Toutefois, personne ne conteste que la seconde ne soit,

proportionnellement à la première , considérable ; et même des ingénieurs anglais la disent supérieure.

Un principe émane de cet attribut ; c'est que là où l'on croirait convenable d'agir sur l'industrie des transports, et par exemple de chercher à en décourager ou à en encourager certains éléments en se réglant sur l'usure ou les dommages qu'ils causeraient aux routes ; il serait rationnel de la prendre en sérieuse considération.

§. 25. — *Mode de construction et état des roues.*

On peut voir dans la seconde partie de mon Essai sur l'entretien combien ce mode et cet état influent sur l'étendue du contact, et par suite sur l'usure : je ne dis pas sur la viabilité , parce que l'on peut toujours faire , tant qu'ils ne seront que ce qu'ils sont , qu'elle soit satisfaisante et réponde aux besoins de la société. Je rappelle que c'est expérimentalement , et non théoriquement , que leur action prononcée a été mise en évidence.

Or , ce mode et cet état dépendent plus ou moins , et souvent à un haut point malheureusement , du degré d'aisance ou de pauvreté des possesseurs de voitures , du degré d'habileté des charrons et forgerons de la contrée , du degré même de bonté de la viabilité ; car , comme il est aisé de le concevoir , celui-ci réagit plus ou moins fortement sur la plupart de ces causes.

Ces attributs renferment évidemment le principe suivant:

Dès l'instant qu'il est démontré , expérimentalement surtout , que la largeur des jantes et la grandeur du diamètre des roues ne sont pas leurs seules propriétés , ni même les seules causes qui influent d'une manière notable sur l'étendue du contact , sur l'usure , sur les dégradations , bien mieux que l'aisance ou la pauvreté d'un grand nombre de propriétaires de voitures (les cultivateurs surtout) y joue, quoique indirectement , un rôle prononcé , il serait aussi équitable que judicieux , si l'on voulait imposer des conditions , des règles à l'industrie des transports , d'avoir le plus possible égard à cette circonstance , et plus particulièrement d'éviter tout ce qui pourrait affecter plus ou moins fortement la classe peu aisée , celle spécialement des cultivateurs la plus nombreuse et la plus nécessaire.

§. 26. — *Emploi des ressorts.*

Il n'est personne qui ne sache que l'un des effets des ressorts sur les voitures est d'en adoucir , d'en assouplir , d'en rendre plus moelleux les mouvements ; de diminuer par suite l'usure des routes , et encore plus les chances de fatigue des personnes et de détérioration des choses. C'est-là leur bon côté , mais quelle chose n'en a aussi de mauvais ?

Ces instruments sont par eux-mêmes plus ou moins dispendieux , et puis , sous le rapport du fisc , une cause d'accroissement de frais plus ou moins considérable. Or , dans les pays peu aisés ou pauvres , comme il n'en est encore que trop , c'est une considération à ne pas négliger.

Il ne faut pas croire d'ailleurs que , même pour les voyageurs , les voitures qui en sont privées soient très-fatigantes , quand les routes sont convenablement tenues et bien roulantes. Il m'est quelquefois arrivé d'en faire usage dans ces circonstances , et je puis assurer qu'au moins il en est qui le sont peu. Au surplus , elles le seraient , et même d'une façon remarquable , que, s'il y a dans un pays des gens assez mal-aisés (1) pour leur donner la préférence , ce serait une chose fâcheuse que de leur en ôter les moyens ou de les leur rendre plus coûteux.

____

(1) En tout pays il y en a malheureusement d'assez à plaindre pour ne pouvoir faire usage même de celles-ci.

Il est malheureusement des personnes qui n'aperçoivent jamais que quelques côtés des choses. En voient-elles un qui soit favorable à un ordre d'idées qui les frappe ; de suite il faut lui venir en aide, et repousser tout ce qui n'a pas cette faculté. Ainsi, par exemple, l'usage de la viande est très-favorable à la santé, à la force ; mais dans les campagnes, faute d'aisance, c'est la pomme-de-terre, le maïs, le sarrasin, le seigle, etc., qui font la base de la nourriture. Eh bien ! elles pousseraient volontiers, non seulement à l'abaissement du prix de la viande, ce qui serait très-bien, mais encore à la suppression de l'emploi de la pomme-de-terre, du maïs, etc., ce qui serait fort mal.

Je ne tiens pas, on le pense bien, à l'exemple ; je le donne, quoiqu'il soit peut-être un peu exagéré, parce qu'il rend bien ma pensée.

Encouragez, si vous le voulez, les ressorts, mais n'oubliez pas qu'ils renchérissent les transports, et qu'une partie de la société, trop considérable malheureusement, a intérêt sur bien des points à n'en pas faire usage.

Il serait superflu de formuler le principe renfermé dans ces attributs et exprimé dans cette dernière phrase.

§. **27**. — *Vitesse des transports.*

Cet élément de progrès de prospérité donne lieu à des considérations de même ordre.

Depuis long-temps je conteste, et je crois avec raison, la justesse de l'idée que les voitures au trot font plus de tort aux empierrements bien tenus que celles au pas. Mais, admît-on cette justesse, il ne s'ensuivrait pas que ces véhicules, qui rendent des services plus grands, d'un ordre plus relevé, devraient être traités moins favorablement. Ils usent plus, dites-vous ; mais ce n'est-là, vous répondra-t-on, qu'une des faces de la question, et encore l'une des plus minces.

La vitesse est une marchandise comme une autre, et ce serait rendre service à la société que d'en diminuer le prix. Les deux procédés les meilleurs pour y parvenir sont : le premier, de donner sécurité pleine et entière à ceux qui la vendent, de ne pas les tenir constamment dans la crainte d'être bientôt forcés de changer leur matériel, leurs allures ; le second, de faire en sorte, dût-on dépenser sensiblement plus, et même autant qu'en Angleterre, que les routes soient constamment ou à peu près excellentes.

On peut, je crois, établir en principe, qu'en ce qui concerne son action sur les chaussées en empierrement bien tenues, les faits, les attributs n'ont pas encore été établis sur des bases assez solides pour qu'il soit sage d'adopter, à l'égard des véhicules qu'elle met en œuvre, des mesures susceptibles de modifier plus ou moins fortement les usages.

§. 28. — *Intensité du tirage.*

On peut voir, dans l'Essai fréquemment cité, que les questions d'intensité de tirage ne sont rien moins qu'aussi simples que pourraient le faire penser des théories émises par suite des résultats obtenus dans certains ordres d'expérimentations, et que pour acquérir à leur sujet des données plus ou moins positives et certaines il faut varier ces ordres, et de plus avoir pratiqué l'entretien assez long-temps et avec assez de succès pour n'y pas introduire des méthodes, des principes, des considérations qui soient plus ou moins en divergence, à plus forte raison en opposition avec ceux que fournit cette pratique.

Les attributs que comprend cette face du sujet sont presque tous trop influents et trop importants pour qu'il me soit possible, comme je l'ai fait jusqu'à présent, d'extraire de cet ouvrage, afin de les mettre ici en saillie, un ou deux des plus essentiels ; mais, ainsi qu'on va le voir, cela aura peu on point d'inconvénients pour la tâche que je me suis proposée, et je puis sans difficulté renvoyer à l'écrit où je les ai examinés en détail les personnes qui seraient désireuses de les connaître.

Il y a un fait qui domine ces attributs et qu'il serait fâcheux que l'on perdît de vue, c'est que les questions d'intensité du tirage, introduites depuis quelques années dans les discussions, sont loin d'avoir et d'avoir eu, jusqu'à présent du moins, pour l'industrie à laquelle les routes sont destinées, l'intérêt que la théorie a cherché à leur donner.

Que veut en effet la société? que demandent les différentes industries de transports? Le voici :

1.º Qu'il n'y ait plus sur les routes ni ornières ni fortes flaches, ni trous surtout ;

2.º Que ces longs et larges répandages généraux, qui ont fait si long-temps en tout pays la honte de l'entretien, ne s'y montrent plus ;

3.º Que l'on n'y rencontre plus, habituellement du moins, que le moins possible de boue ou de poussière (1) ;

4.º Que les pentes trop fortes soient rectifiées ou adoucies ;

5.º Que dans les parties qui offrent, soit parce qu'elles sont bordées de précipices, soit par d'autres causes, des chances d'accidents même faibles, il soit pris des précautions pour faire disparaître ces chances ;

6.º Enfin, que les travaux soient exécutés avec le plus d'habileté, le plus de sagacité possible, qu'ils reçoivent

(1) La Société n'ignore pas que dans les rues des villes, même les plus soignées, les mieux entretenues, on ne peut, quand elles sont fréquentées et surtout très-fréquentées, éviter à beaucoup près complètement la boue ou la poussière ; elle ne songe donc pas à demander à l'entretien des routes qu'il fasse mieux ni même autant.

une surveillance télle, que les cantonniers ne soient plus, ainsi que cela a eu lieu si long-temps et ne se voit que trop souvent encore, des modèles d'inexactitude ou de fainéantise.

Mais que les chaussées soient un peu plus, un peu moins tirantes, que la différence en plus ou en moins y soit d'un quinzième, d'un dixième ou plus encore, elle ne s'en inquiète que très-secondairement, si tant est qu'elle s'en inquiète. Sans doute, mieux on pourra lui donner sous ce rapport, comme sous tous les autres du reste, et plus elle sera satisfaite, c'est tout simple ; mais ce qui la préoccupe, ce n'est pas cela. Veuillez relire les anciennes discussions et en suivre la marche, les phases, soit en France, soit en Angleterre, et nul doute ne vous restera. Ce que la société réclame, ce sont les six choses qui précèdent, et surtout les cinq premières. Donnez-les-lui, et vous verrez que si elle ne se tait sur cette matière, du moins elle ne dira pas grand'chose.

On peut donc, ce me semble, établir en principe, qu'ainsi que je viens de le dire l'intensité du tirage préoccupe peu de monde, et doit réellement en préoccuper peu ; qu'elle peut bien, qu'elle doit même être l'objet d'études, d'expérimentations de la part des ingénieurs, mais que ce qui est et doit être en effet le but des désirs, des instances du public, c'est la réalisation des résultats énoncés, résultats susceptibles d'être obtenus sans que l'on demande rien à cette intensité, sans même qu'on l'interroge.

§. 29. — Comme cette brochure est en grande partie destinée à éclairer l'opinion sur la valeur du système de la réglementation, je ne veux pas terminer cet exposé sans dire quelques mots d'une considération qui, bien que fort simple, n'en est pas moins très-importante.

D'où vient dans chaque pays, et surtout dans ceux éclairés , et plus particulièrement en France où le roulage contribue si puissamment à la prospérité publique , n'attaquerait-on pas directement le problème ? Personne n'ignore combien il arrive souvent aux moyens détournés , aux biais de conduire à l'erreur. Or , qui empêcherait de choisir , en diverses contrées, quelques parties de routes que l'on confierait à des ingénieurs ayant fait leurs preuves , et sur lesquelles pendant un an , deux ans ou plus , on laisserait le roulage entièrement libre ?

Je sais que l'on ne manquera pas d'objecter à cette proposition que ce serait s'exposer à y compromettre la viabilité, et à en faire détruire les chaussées. Mais deux réponses péremptoires, une surtout , peuvent être faites à cet argument.

Celle-ci que maintes fois j'ai faite dans mes écrits , et qui est capitale , et qui est restée sans réporse , consiste en ce qu'il y a déjà en France , ce fait aujourd'hui est su et connu de tout le monde , un assez bon nombre de routes excellentes ou bonnes , les unes en tout temps , les autres presque en tout temps , bien que les voitures qui les parcourent n'aient jamais , et cela même à aucune époque de leur existence , à passer devant un seul pont à bascule , bien qu'en réalité l'affranchissement y soit complet. Voici la seconde :

En tout pays il y a , outre les ingénieurs qui dirigent l'entretien , des administrateurs qui ont sur les routes une haute surveillance. Or , on pourrait donner à ceux-ci la faculté de retirer , quand bon leur semblerait , et si quelque inconvénient sérieux venait à se présenter , la latitude qui aurait été laissée à la circulation sur ces parties.

Sans doute on peut faire des objections à celle-ci , et à quoi n'en peut-on faire ? mais je crois pouvoir affirmer , d'après la vieille expérience que j'ai du sujet , qu'elles seraient sans fondement : quelle est la vérité, telle palpable aujourd'hui soit-elle, contre laquelle on n'en ait fait par centaines ?

On se rappelle peut-être combien dans le temps on en fit contre l'existence des antipodes (1), et sans doute on n'a pas oublié que pendant long-temps il est arrivé à plus d'une personne, pourtant très-instruite et fort remarquable, lorsqu'elle voulait exprimer combien à ses yeux une chose était absurde, de dire : « *N'est-on pas allé jusqu'à soutenir qu'il y avait* » *des antipodes ?* » Chaque époque a ses antipodes ; l'affranchissement de l'industrie des transports est un de ceux de la nôtre.

Je reviendrai plus loin sur cette considération. Il me reste, pour terminer cette seconde partie, à résumer en peu de mots les principes qui y ont été formulés :

1.º (Voir le §. 16.) Dans les discussions sur l'entretien et le roulage on ne doit jamais perdre de vue que l'influence du taux des crédits sur les résultats est immense ;

2.º (Voir le §. 17.) Dans ces discussions on s'expose à des erreurs graves quand on ne tient pas compte du chiffre et de la nature de la fréquentation ;

3.º (Même §.) Il est de temps à autre fort important de diriger l'action de la circulation ;

4.º (§. 18.) Le degré de bonté des matériaux est une des causes qui ont le plus d'influence sur la viabilité ;

5.º (§. 19.) Partout où cette viabilité est en souffrance et où la spécialité fait plus ou moins faute, nul ne peut as-

(1) La croyance aux antipodes a été traitée d'absurde par Lucrèce, Lactance, Saint-Augustin, etc., etc. ; elle a passé pour telle pendant plusieurs siècles. Un savant évêque de Saltzbourg, Virgile, fut déposé, privé de ses revenus, et conduit à Rome, par ordre du Pape, pour en avoir soutenu l'existence.

surer que l'amélioration de celle-ci ne suffirait pas pour faire cesser cette souffrance :

6.º (Même §.) On ne peut s'efforcer trop de chercher à créer, à organiser la spécialité ;

7.º (§. 20.) Le climat exige des modifications dans les procédés d'entretien et dans les réglements ;

8.º (§. 21.) Il serait beaucoup plus sage d'accroître le crédit de l'entretien que de s'exposer à porter la perturbation dans l'industrie des transports :

9.º (Même §.) La prudence conseille d'éviter les mesures qui porteraient préjudice aux voitures de campagne à jantes de six centimètres et au-dessous;

10.º (§. 22.) Toute loi ou mesure qui prendrait uniquement pour base la largeur des jantes et la grandeur des diamètres ne serait pas d'accord avec la pratique ;

11.º (§. 23.) Les chaussées peuvent être traitées de manière à résister à des charges d'un poids beaucoup plus lourd que les plus fortes en usage;

12.º (§. 24): On doit prendre en sérieuse considération l'usure causée par les pieds des chevaux ;

13.º (§. 25.) Dans les discussions sur l'usure il faut avoir égard à toutes les causes qui agissent fortement sur l'étendue du contact, et surtout ne pas perdre de vue qu'il en est qui ont avec la classe peu aisée des rapports que l'on doit bien prendre garde d'empirer ;

14.º (§. 26.) Il est essentiel de ne pas oublier que l'emploi des ressorts augmente le prix des transports.

15.º (§. 27.) Il serait sage, en ce qui concerne la vitesse, de ne pas adopter de mesures susceptibles de modifier les usages ;

16.º (§. 28.) Ce que l'on doit chercher à procurer à la société, et ce que l'on peut lui donner sans réglementer

les chargements , c'est une viabilité sans ornières , ni fortes
flaches , sans répandages généraux , sans boue ni poussière
abondante , sans pentes fortes , sans danger d'accidents.

APPLICATION.

§. 30. — Bien que dans les deux parties qui précèdent
j'aie emprunté quelques exemples à la France , il est aisé
de reconnaître que les faits , attributs et principes qu'elles
contiennent s'adaptent tout aussi bien aux autres pays ,
à ceux surtout situés dans une position plus ou moins analogue à la sienne , qu'à elle. Sans doute , c'est toujours cette
nation que j'ai eue en vue , et je n'en aurais mis en scène
aucun que j'eusse cru ne pas lui convenir ; mais il n'en
est pas moins vrai que nul d'entre eux jusqu'à présent ne la
concerne plus spécialement que d'autres pays.

Dans cette portion de mon travail , je me montrerai au contraire explicite ; et , dans la persuasion où je suis que ,
quand on ne se sent animé pour les personnes que de bienveillance , on peut tout dire , je formulerai , et aussi nettement que je le pourrai , tout ce qui chez elles me semblera
de nature à retarder ou à hâter les progrès du genre de
connaissances dont ils font partie , progrès qui intéressent
si vivement la société.

J'ai annoncé en commençant cette brochure , qu'elle a
pour objet la mise en lumière de l'état profondément arriéré
de l'entretien , de l'erreur du système de la réglementation,
des causes de ces fâcheuses vérités et des moyens de les détruire. Cet état arriéré , cette erreur , ces causes, ces moyens
ont déjà été exposés , démontrés dans mes écrits , et ils
viennent de nouveau de l'être en ébauche , bien que plus ou

moins indirectement , dans ce qui précède. Ce qui me reste
à faire , c'est de préciser , c'est de mettre plus immédiate-
ment le doigt sur chaque chose , et surtout sur le mal. Je dis
surtout sur le mal , parce que , s'il est vrai qu'une question
bien posée soit à moitié résolue , il ne l'est pas moins qu'un
mal bien connu , bien mis à nu , bien décrit, ne soit généralement , sinon à moitié guéri , au moins bien plus facile
à guérir.

PREUVES PRINCIPALES DE L'ÉTAT ARRIÉRÉ DE L'ENTRETIEN.

§. 31. — On se rappelle qu'il y a une douzaine d'années ,
des discussions fréquentes, et aussi complètes et approfondies
que le permettait l'état des connaissances de l'époque , ont
eu lieu , tant dans les hautes régions de la société que dans
celles intermédiaires ; on se rappelle que l'élan parti de
celles-là fut tel alors, que tout ce qui avait ou croyait avoir
sur le sujet quelque idée susceptible d'utilité , d'avenir ,
s'empressait de la livrer à la presse. Or , quelles furent
celles de ces idées qui dans ce laborieux enfantement se
firent le plus remarquer , produisirent le plus d'effet, furent
le mieux accueillies? Lisez les écrits publiés par les soins de
l'administration, lisez le journal du génie civil qui s'en
occupa d'une façon toute spéciale , lisez le Moniteur, lisez
tous les journaux et ouvrages qui y donnèrent une sérieuse
attention , et vous reconnaîtrez que ce furent celles-ci :
1.º l'annonce des **500** fr. de dommages causés en un jour
à une route par une seule voiture , annonce qui jeta , on
s'en souvient, et elle était bien faite pour cela , la conster-
nation dans l'administration , dans les chambres et dans le
public ; 2.º la valeur , l'importance accordée aux expéri-

mentations sur de petits cubes de pierre isolés ; 3.º le mode d'évaluation des chargements à raison de tant de cent kilogrammes par roue ; 4.º la puissance supposée à la pureté des matériaux , à la finesse du cassage , à la suppression des grosses pierres de fondation ; 5.º la préoccupation des chocs , des enclumes , de l'abaissement des chaussées ; 6.º enfin , la confiance du plus grand nombre , la confiance générale dans le mac-adamisme (1).

Ce peu de mots rappelle tout ce qu'était alors la science de l'entretien , et légitime assez bien le nom de *pousse-cailloux* que les ingénieurs chargés de travaux d'art donnaient à ceux qui avaient pour occupation principale cet entretien.

Or , personne sans doute ne croira que l'ignorance profonde qu'ils dénotent ait pu cesser si promptement ; on sait trop combien toutes les enfances , et surtout dans les matières difficiles et compliquées , sont lentes à se développer ; combien plus particulièrement cela est vrai pour les corps , et notamment pour les corps savants (2).

§. 32. — Peu à peu des idées justes ont commencé à s'infiltrer dans les esprits , à pénétrer dans la pratique ; mais , et surtout en ce qui concerne celle-ci , combien c'est encore peu de chose ! Et croirait-on , par exemple , que même aujourd'hui il y a des routes , et probablement un assez bon nombre , où l'on en est toujours à la méthode des répan-

(1) Le mac-adamisme est un mode de construction et de reconstruction de chaussées , et non un mode d'entretien. Pour faire du mac-adamisme , il aurait fallu défaire toutes les nôtres et les reconstruire. Aux yeux de toute personne ayant , ne fût-ce que quelques notions justes sur la matière , peu de faits attestent mieux la profondeur de l'ignorance où l'on était à cette époque que l'engouement qui régnait pour ce système.

(2) J. J. Rousseau a dit , et à bon droit : *Les savants ont moins de préjugés que les autres hommes , mais ils tiennent bien plus à ceux qu'ils ont.*

dages généraux , même absolus (1). Certes, c'est-là déjà une preuve d'état arriéré qui a de la valeur : passons à d'autres.

§. 33. — Puisque ce sont spécialement les roues qui usent et détériorent les routes , il est clair qu'il est bien essentiel pour l'entretien , d'étudier, surtout expérimentalement, la manière dont elles agissent, suivant le temps , les circonstances , le chiffre et l'espèce de la fréquentation , la nature des matériaux , le climat, les saisons , l'exposition , etc., c'est-à-dire de procéder à la recherche des attributs, soit de la circulation , soit des chaussées et des accotements. Or, où cela a-t-il été fait? quand cela a-t-il été fait ? Nulle part, à aucune époque, même en ébauche. Et pourtant que peut être un genre de connaissances où l'étude des attributs n'a pas été poussé au moins jusqu'à un certain degré ?

Quand , tantôt par un temps , tantôt par un autre , tantôt sur des parties de routes entretenues avec certains matériaux , tantôt sur des parties entretenues avec d'autres , là avec un chiffre et une espèce de fréquentation et de fatigue , ici avec un autre ; quand , en un mot, par des circonstances fort diverses et susceptibles d'une foule de combinaisons , vous examinez ce qui se fait et comment on le fait , sur quoi pouvez-vous établir votre jugement , louer ou blâmer , changer , modifier, ou laisser faire , si vous ne possédez pas plus ou moins cette connaissance ?

Direz-vous que vous avez lu , appris , pratiqué si vous voulez, les méthodes, les procédés applicables à chaque cas? Mais on vous répondra que pas plus les cas que les méthodes et les procédés ne peuvent être appréciés sans elle.

---

(1) On en verra, sous peu de jours, la preuve dans un petit travail qui, rédigé au commencement de l'hiver, n'a pu être publié plus tôt, parce que mes occupations s'y sont opposées.

Nier la convenance , l'utilité , la nécessité de sa possession , serait nier l'évidence.

§. 34. — Avons-nous même un idiôme pour nous entendre sur l'étude , sur l'explication des principaux phénomènes , sur leurs phases principales et sur celles secondaires? Non, nous n'en avons pas. J'ai tâché , dans mon Essai , de faire pour cet objet ce que déjà j'ai fait pour d'autres , de donner , de formuler des idées , de remplacer le vide , le vague et l'obscur par de la matière , par du positif , par du clair ; mais ce n'est encore , ce ne peut être encore qu'une ébauche. Quand , dans un ordre d'investigations presque tout est à faire , ce qu'il y a de plus utile , de plus essentiel , c'est d'aborder tous les points importants , de déblayer le sol, de travailler sur l'ensemble plutôt que d'approfondir un ou deux points.

§. 35. — J'arrive à l'une des preuves les plus palpables, les plus flagrantes de l'état éminemment arriéré.

Qui croirait que nulle part on ne possède de moyen , même approximatif , pour reconnaître le crédit nécessaire , année moyenne , à chaque route pour son entretien? que par suite , en France , les ingénieurs ni leur administration n'ont de critérium pour éclairer le public et les chambres , pour s'éclairer eux-mêmes sur la valeur réelle des besoins de ces voies , pour répartir d'une manière tant soit peu rationnelle et équitable, d'abord entre les divers départements, la somme générale accordée par les chambres , ensuite entre les routes de chacun d'eux ; celle qui lui a été allouée (1) ? Qui croirait , bien mieux , que dans le

(1) J'ai fait connaître dans mon Essai une formule qui a pour objet la solution de ce problème. Mais dans le but de faire faire à cette solution un pas de plus , je me livre avec les ingénieurs du service d'expériences à des expérimentations spéciales qui, je l'espère, ne contribueront pas peu à hâter ce résultat.

corps des ponts et chaussées on ne paraît même pas se douter de cet état de choses ?

Pour faire mieux comprendre la portée de ce fait et l'étendue du cadre qu'il embrasse, entrons dans quelques détails, puis citons des exemples.

Les éléments principaux sur lesquels repose la détermination du chiffre de la dépense nécessaire à l'entretien, sont, la spécialité étant supposée partout la même : 1.º le chiffre et l'espèce de la fréquentation, ainsi que son tonnage ; 2.º la nature des matériaux ; 3.º leur prix ; 4.º le coût de la main-d'œuvre dans chaque localité ; 5.º le climat ; 6.º la largeur des routes.

Or, le chiffre par lequel la valeur, le degré d'influence de chacun doit être exprimé, est variable avec chaque localité, et souvent entre des limites très-étendues. Ainsi, par exemple, pour le premier, il peut être ici de un, et là de dix, de vingt, de trente et plus ; pour le second, il sera double, triple, quadruple sur un point de ce qu'il est sur un autre ; pour le troisième, les limites extrêmes seront un et dix ou à peu près, etc., etc. On juge par ce peu de mots et par le nombre considérable de combinaisons susceptibles d'être engendrées par les différences, combien sont grandes les erreurs auxquelles on peut être entraîné si l'on ne se rend pas compte d'une manière plus ou moins approximative du rôle joué par chaque élément, et du résultat que l'ensemble est appelé à produire.

Mais d'un côté on ne paraît pas même avoir la conscience que ce problème se présente ; de l'autre on l'aurait, que, comme on ne connaît pas la valeur de chaque élément, on serait encore, le plus souvent du moins, fort embarrassé.

Et dans un état d'ignorance aussi profond, aussi manifeste , état qui , on ne peut trop le répéter , n'est la faute de personne , il se pourrait qu'il n'y eût pas dans les répartitions de nombreuses et grandes anomalies , des disproportions considérables et nullement motivées , et souvent contre-motivées ; mais cela ne serait pas soutenable. Qui sait même si , en raison de l'accroissement prononcé qu'a éprouvé depuis quelques années la circulation , et surtout de celui bien plus prononcé encore des exigences du public , le crédit général ne serait pas devenu ou sur le point de devenir insuffisant ? Jusqu'à ce jour le plus habile ne voit goutte en ces questions , et ne peut établir que des présomptions. Passons à des exemples.

§. 36. — La partie la plus fatiguée du service d'expériences , et peut-être du monde entier (sur une aussi grande longueur) , la route de Lyon à Marseille , traverse quatre départements. Lorsqu'elle m'a été confiée , il y a cinq ans , elle avait sur l'un d'eux beaucoup plus que le nécessaire (environ cinquante pour cent) ; sur un autre , beaucoup moins (à peu près quarante pour cent) ; et sur les deux autres , sensiblement moins (un peu plus de vingt pour cent). Comme son plus grand mal consistait dans le mal général de l'entretien en tout pays , à savoir , l'ignorance des plus simples notions de cet art , ignorance qui s'y caractérisait encore , comme sur tant d'autres points du reste , par l'emploi de la méthode des répandages généraux absolus et l'absence complète de surveillance journalière , sa viabilité était à peu près également peu satisfaisante partout. Mais ce qui est essentiel pour le moment , ce n'est pas cela , c'est que le taux des crédits et leur répartition n'étaient nullement en rapport avec les besoins. Il est vrai que sur la plus grande étendue l'on ne s'était pas même rendu compte de la fréquentation et de la fatigue.

Sur la portion qui était surabondamment rétribuée, le crédit annuel était, à l'époque où elle m'a été confiée, pour les travaux seuls bien entendu, et non compris le personnel, plus fort de soixante à soixante et dix pour cent qu'il n'est depuis quelques années (il est vrai qu'il aurait besoin d'être augmenté); cependant elle est à peu près constamment, et quelque temps qu'il fasse, de toute beauté (1).

J'ai annoncé dans mon ouvrage intitulé: Comparaison des Routes, etc. (page 396), que le chiffre moyen de fréquentation de la route de Lyon à Marseille était en 1839 de 450 colliers (2), et qu'au prorata de 2,200 fr. par lieue et pour 111 colliers, elle aurait dû recevoir pour son entretien seul plus de 8,900 fr. par lieue, tandis qu'elle ne recevait, pour son rétablissement et son entretien réunis, que 7,040. Mais avant qu'elle ne fît partie du service d'expériences il ne lui était alloué que 4,600 francs.

Considérons maintenant deux autres parties du même service. Dans le département de Saône-et-Loire, le chiffre de fréquentation étant de 280 (en 1841 il a été de 380), le crédit annuel aurait dû être, au même prorata que ci-dessus, de plus de 5,500 fr. Or, il n'a été, en nombres ronds, que de 2,600 à 3,400 francs.

Dans le département du Rhône où le chiffre moyen de fréquentation était de 450 (en 1841 il a été de 520), il aurait dû être, au même prorata, de plus de 8,900 francs; or, jusqu'à l'année dernière il n'avait pas même atteint en moyenne 2,600 francs.

(1) Malgré la fatigue considérable qu'elle a à supporter, je doute qu'en aucun pays il y en ait beaucoup qui soient aussi bonnes et aussi belles, et qui le soient aussi constamment. Il est vrai qu'elle a des matériaux d'une qualité admirable.

(2) L'année dernière il a été de plus de 600.

Y a-t-il lieu , je le demande , de s'étonner que ces deux routes et toutes celles qui sont dans une pénurie analogue soient plus ou moins mauvaises , quels que puissent être la spécialité et les efforts de leurs agents (1).

Le mode d'évaluation basé sur le nombre seul des colliers est loin certainement d'être exact. Eh bien ! voyez où en était , il y a peu d'années encore, l'enfance de l'art ? On n'aurait pas même pu en faire usage sur une foule de routes , car ce nombre n'y était pas connu.

Je ne songe , je le répète, à imputer à personne l'état que je signale. Quand on voit un enfant de dix ans faire sa cinquième , on ne pense à blâmer ni ses parents ni lui de ce qu'il n'est pas en rhétorique ou en philosophie. L'art de l'entretien est encore au berceau , à bien plus forte raison sa science.

§. 37. — Ainsi , un fait bien établi et qui est un des attributs de l'époque , c'est que , pour l'appréciation des besoins des routes et pour la répartition de leurs crédits , on n'a aucun critérium , aucune boussole ; c'est que parmi ces voies , et par une conséquence inévitable , il y en a auxquelles on accorde beaucoup moins , et d'autres auxquelles on accorde beaucoup plus que ne le réclament ces besoins ; enfin , que le manque de données , de moyens et de méthodes de comparaison est tel , que nul aujourd'hui ne saurait dire si le crédit général de l'entretien ne serait pas trop élevé , ou si plutôt il ne serait pas beaucoup trop faible et dans le cas d'être rapproché de celui affecté aux routes d'Angleterre (2).

(1) Il est à ma connaissance des routes qui sont dans le cas contraire , et qui reçoivent sensiblement plus que ne l'exigeraient leurs besoins.

(2) En raison du renchérissement toujours croissant des matériaux et de la main-d'œuvre , en raison de l'augmentation incessante de la circulation

Ces preuves de l'état profondément arriéré sont trop palpables pour qu'il soit nécessaire de les corroborer. J'en ajoute pourtant encore une en raison de son importance.

§. 38. — On sait que l'époque où les routes sont le plus exposées à être en souffrance, et parfois mauvaises, même très-mauvaises, est celle des temps humides, des dégels et des longues nuits, celle de novembre à avril. Aussi est-ce dans cet intervalle que l'on peut le mieux juger du savoir-faire de chacun, dans cet intervalle par conséquent qu'il serait, sous tous les rapports, le plus utile qu'elles fussent visitées, examinées par les ingénieurs dans la spécialité desquels l'administration a confiance, par MM. les inspecteurs.

Or, il est très-rare que cela soit ; il est notoire dans le corps que c'est presque toujours pendant la belle saison que les inspections ont lieu. Et la raison en est simple : les inspections ont par le fait pour objet les travaux d'art, au moins autant, sinon davantage, que ceux d'entretien ; comme donc l'époque qui convient généralement à ceux-là est cette belle saison, il est tout naturel que ce soit celle que l'on choisisse.

Que dirait-on d'un peintre de paysages qui, pour le moment de ses excursions, choisirait la nuit ? Eh bien ! cette comparaison peut donner une idée de ce que valent en général, sous le rapport de l'entretien, les inspections.

Ne perdons pas de vue, je reviendrai plus loin sur ce fait, que, depuis que le corps des ponts et chaussées existe, les

et du tonnage, en raison du long temps qu'il faut pour faire pénétrer partout la spécialité de l'entretien, en raison surtout de ce que les exigences de la société deviennent de plus en plus difficiles et dispendieuses à satisfaire, les probabilités me sembleraient être aujourd'hui en faveur de la seconde hypothèse.

Or, la latitude est grande, puisque pour un chiffre de fréquentation moindre les routes de ce pays reçoivent plus du double de celles de France.

travaux d'art ont constamment absorbé l'attention au préjudice de l'entretien.

Passons au système de la réglementation.

ERREUR DU SYSTÈME DE LA RÉGLEMENTATION.

§. 39. — La base de ce système consiste dans une simple
affirmation, à savoir : qu'il serait impossible d'entretenir
les routes dans un état passable si l'on permettait à l'industrie de charger à sa guise. Mais une affirmation n'est pas
une démonstration, et le passé fait foi que des milliers d'affirmations, même incontestées pendant de longues années,
pendant des siècles, n'ont pu résister à un examen sévère.
Scrutons donc celle-ci, et suivons-la jusque dans ses déduc-
tions et dans leurs conséquences.

Après les démonstrations qui précèdent, peu de mots
suffiraient pour en rendre l'inexactitude palpable ; mais je
veux, suivant ma coutume, et contrairement à la méthode
de mes adversaires qui ne me suivent jamais sur mon terrain, aller les chercher sur le leur : je serai donc un peu
moins bref que ne l'exigerait à vrai dire la question.

Deux pouvoirs sont en présence, l'un destructeur, l'autre
réparateur : le premier, l'industrie des transports ; le second, l'entretien.

Or, il vient d'être démontré, et surabondamment, que
celui-ci, en raison de son enfance, de son ignorance, ne
sait pas employer ses forces ; qu'il n'a pas même d'idée des
points sur lesquels il doit les doubler, les tripler, et de ceux
où il doit agir en sens inverse ; que d'ailleurs la société a
la faculté d'accroître ces forces, et dans telle ou telle proportion que bon lui semble : comment donc, sans pécher

contre les plus simples règles de la logique, affirmer impossible une tâche qui lui est confiée? Si un écolier de sixième prétendait que l'on ne saurait traduire Virgile ou Tacite, l'en croirait-on sur parole? Un pouvoir dont la valeur n'est pas connue, dont on ne sait pas régler, diriger, employer les moyens, les facultés, est un pouvoir dont on n'a pas le droit d'assigner les limites.

Mais, dira-t-on, il y a des limites tellement élevées, que l'on peut être sûr, en les adoptant, de ne pas les voir dépassées; et, par exemple, quelque grande idée que l'on ait de la force d'un homme, on peut avancer, sans crainte de se tromper, qu'il ne serait pas en état de lever un poids de dix mille? Je ferai remarquer d'abord que, comme on sait à quoi s'en tenir sur la force de l'homme, il n'y a pas parité entre les deux rapprochements; ensuite, qu'à l'aide de leviers, rien ne serait plus facile à cet homme que de lever ce poids; enfin, et c'est là l'essentiel, car je n'ai fait cette comparaison que pour répondre à l'avance à une objection dont j'entrevois la possibilité, que bien loin d'adopter pour limite un terme éloigné, on en prend, comme on va le voir, un très-rapproché.

Ceci concerne le pouvoir réparateur : considérons maintenant le pouvoir destructeur, l'industrie des transports.

Vous prétendez que si l'on abandonnait à elle-même cette industrie, elle chargerait ou pourrait charger des poids énormes. Mais ce n'est-là encore qu'une affirmation, et une affirmation dont, comme je ne cesse de le prouver depuis des années, l'inexactitude matérielle est mise en lumière par des faits incontestables, si incontestables que, quand je les avance, on fait la sourde oreille, on n'a pas l'air de les voir. Il est constant en effet qu'il y a des routes sur lesquelles le roulage n'a jamais à passer devant aucun pont à bascule , sur lesquelles aucune entrave de quelque genre que ce soit ne le gêne , que même dans ce nombre il y en a sur lesquelles il est en concurrence avec une voie navigable et un chemin de fer , sur lesquelles par conséquent il use et abuse de sa liberté dans toute la plénitude de ses facultés : or , l'observation y apprend que jamais le poids des voitures n'y dépasse 220 k. par zone ; que celles qui habituellement approchent le plus de cette limite ne pèsent que 170 à 180 k. , et que proportionnellement elles sont peu nombreuses ; que par conséquent il en est de ces facultés ce qu'il en est de toutes les facultés , à savoir qu'elles sont fort restreintes.

Eh bien ! vous , partisan de la réglementation , vous accordez tantôt 100 k. , tantôt 120 k. , tantôt 130 et plus , et cela en face de ce pouvoir dont le degré d'énergie vous est inconnu , et que d'ailleurs , je le répète , la société peut à son gré doubler , tripler , quadrupler ! Serait-ce donc être dans le vrai que de prétendre que 220 k. sont une limite éloignée !

Mais ce qui achève de mettre votre erreur dans tout son jour , c'est l'expérience des rubans de fer. J'admets , au sujet de cette expérience , que , si les voitures avaient la possibilité de circuler avec des poids de 1,500 , de 1,200 k. par zone , il serait , surtout pendant les temps humides , fort difficile à l'entretien de leur résister. Mais entre ces chiffres et celui de 220 quelle latitude n'existe pas ? Et puis , lors même qu'une fois par semaine ou même par jour il passerait sur chaque point une voiture , deux voitures si vous voulez , de 300 , de 400 k. , quel grand mal s'ensuivrait ?

Je crois devoir vous faire remarquer en passant que les 1,500 kilog. de l'expérience des rubans se rapportent à la saison humide , et que durant la saison sèche , c'est-à-dire peudant la plus forte moitié de l'année , ce chiffre , il vous donne une idée de la résistance des chaussées bien tenues , serait beaucoup plus élevé.

Comme cette argumentation ne date pas d'hier , car voilà long-temps que je la reproduis dans mes écrits; comme cependant les partisans de la réglementation , à qui je ne manque jamais d'adresser ces écrits , n'y répondent pas et n'ont même pas l'air de la connaître , ne serait-on pas en droit d'en conclure , de deux choses l'une, ou qu'ils ne l'y ont pas aperçue , pas comprise , ce qui ne prouverait pas en faveur de leurs connaissances dans la matière , ou qu'ils se sentent dans l'impuissance de la combattre , ce qui serait encore moins favorable à leur système.

§. 40. — Quand le moment sera venu où le public, entrevoyant enfin le peu de justesse de ce système, exigera qu'ils y répondent , il est probable qu'ils réduiront leurs prétentions et diront que, comme il est constant que les lourdes voitures usent plus, détériorent plus, il est rationnel d'encourager les voitures légères , que d'ailleurs l'intérêt de l'industrie des transports est en cela conforme à celui de l'état , etc.

Vous n'observez jamais, leur répliquera-t-on , qu'une ou deux faces des questions, et rarement les plus importantes. Si les lourdes voitures usent plus , elles rendent aussi , comme on l'a démontré , plus de services ; d'ailleurs , comment ne voyez-vous pas que puisque l'industrie, qui a la latitude du choix, croit devoir employer concurremment des véhicules de toutes sortes , c'est une preuve palpable que dans certaines circonstances spéciales , sous l'empire de certaines données comprises dans le problème si vaste et si compliqué des questions de transports, chaque sorte lui offre , et par suite à la société , des avantages. Si néanmoins , et, sans avoir égard à la valeur des services rendus par chacune, vous voulez établir des taxes au prorata de l'usure, soit, mais au moins n'allez pas infliger des amendes. L'entretien coûte moyennement par lieue à la société 2,200 fr. par an, ou par jour et pour 111 colliers 6 f. 03, ce qui fait par collier 0 f. 054 (1), et cela pour les roues et les pieds des chevaux réunis. Or, chacun traînant, véhicule compris, environ douze cents kilogrammes, ce ne serait, par chaque centaine de kilogrammes, pas même un demi-dixième de centime. Et parce que l'on dépasserait votre tarif de cent, de deux cents kilog. ou plus, vous condamneriez à l'amende ! En vérité, cela passerait toute croyance. Dans le système qui suppose que, passé certains poids, les voitures détruisent les chaussées, on conçoit les amendes ; mais dans celui qui n'admet que des accroissements d'usure, on ne les conçoit plus.

§. 41. — Quand on étudie les divers projets de loi sur la police du roulage élaborés à diverses époques, on est frappé, non seulement de la différence des idées-mères que le principe général prend pour cortège, mais encore de l'assurance avec laquelle ils annoncent chaque fois que dorénavant la matière est connue, parfaitement élucidée, pour ainsi dire épuisée, et qu'on ne peut se presser trop, vu l'urgence, de les adopter.

Les idées qui prédominaient dans celui présenté il y a peu d'années, étaient: 1.º que les voitures au trot détérioraient sensiblement plus que celles au pas ; 2.º que celles à jantes étroites étaient de vrais couteaux; 3.º que, d'après les résultats fournis par des expériences sur lesquelles on comptait

---

(1) Si l'on admettait un nombre de colliers plus fort que 111, ce chiffre de 0 f. 054 serait encore moindre.

beaucoup (1) , et qu'aujourd'hui déjà l'on répudie , il est vrai le plus poliment que l'on peut , les charges tolérées ne devaient pas dépasser par zone une centaine de kilog. ; 4.º qu'il fallait adopter , comme on l'avait toujours fait , un poids d'hiver et un poids d'été ; 5.º que la mise à exécution du nouveau tarif augmenterait les frais de transport de 4 p. %, c'est-à-dire de dix millions par an.

Celles qui cherchent à primer aujourd'hui sont : 1.º que les voitures au trot , en raison de ce qu'elles sont suspendues , ne sont pas plus nuisibles que celles au pas ; 2.º que les charrettes au-dessous de sept centimètres et les chariots au-dessous de six sont encore des couteaux , mais que ce sont surtout les véhicules à jantes larges qui sont dangereux , et que tous ceux dont les roues dépassent douze centimètres doivent être mis sur le même pied que ceux qui n'en ont que de cette dimension (2) ; 3.º que, grâce à de nouvelles expériences , on peut , en tenant compte des diamètres des roues, autoriser jusqu'à des poids de 120, 130, 140, 150, 160 kilogrammes et plus (3) ; 4.º qu'il convient de n'adopter pour toute l'année qu'un seul tarif, celui d'hiver (4) ; 5.º que la mise à exécution du nouveau réglement apportera une économie sensible dans les frais de transport (5).

(1) Leur publication qui avait été hautement annoncée n'a pas même encore eu lieu.

(2) Cette proscription des jantes larges , qui est pourtant une des dispositions les plus remarquables du projet de réglementation , n'est, comme on ne tardera pas à le voir , qu'un *lapsus*.

(3) Le fait le plus saillant des nouvelles idées est l'introduction , dans la réglementation , du diamètre des roues.

(4) Cette suppression de la distinction de tarif entre l'hiver et l'été est, après les deux dispositions qui précèdent, le changement le plus frappant qu'aient éprouvé les vues réglementaires.

(5) Une commission composée des ingénieurs les plus distingués du corps des ponts et chaussées, de MM. Tarbé, Cavenne, Bérigny, Lamandé, Du-

Quelle heureuse harmonie entre les vues émises il y a à peine quelques années, et celles professées aujourd'hui ! quelle garantie pour la bonté de celles-ci, et comme je suis bienvenu à répéter ce que depuis des années je ne cesse de publier, à savoir que les idées les plus inexactes, les plus fausses existent sur cette matière à l'administration !

§. 42. — **Dans** la persuasion où je suis que l'opinion publique est encore trop peu avancée généralement pour apprécier l'inexactitude des dernières, ce sont celles du nouveau projet de réglementation, je me garderai de fatiguer le lecteur en les discutant longuement : je n'ai la prétention d'éclairer cette opinion que peu à peu. Bien convaincu que la vérité exige un long temps pour pénétrer, et que l'heure de son triomphe n'est pas encore arrivée, je ne songe qu'à attirer l'attention sur les points principaux, et à mettre pour cela à profit l'occasion, la nécessité où se trouvent en ce moment les chambres et la presse de s'occuper du sujet. Souvent on fait plus pour la vérité en saisissant bien l'à-propos qu'on ne l'aurait fait en décuplant ses efforts, en revenant sans cesse à la charge, alors qu'il n'existe pas. On sait qu'un de mes mots de prédilection, une de mes choses favorites, c'est l'*opportunité*. Les védettes du progrès doivent avoir toujours les yeux ouverts.

Je n'exposerai donc sur chacune de ces vues que ce qui, dans l'état présent des esprits, me semble pouvoir faire faire

tens et Brisson, rapporteur, avait calculé que le changement notable à faire subir aux usages de l'industrie des transports augmenterait à toujours de 4 p. o/o, ou de dix millions par an, les frais de transports : la prétention du nouveau règlement est qu'en faisant des changements plus grands encore, cette augmentation sera convertie en économie.

C'est-là une des propriétés du diamètre des roues, propriété merveilleuse comme on voit : quel dommage que l'on n'y ait pas songé plus tôt !

à la question tout le progrès dont , pour le moment , je la crois susceptible.

Une réflexion générale se présente tout d'abord. Lorsqu'il y a une douzaine d'années je fis sentir combien il était peu rationnel et contraire à ce qu'enseigne une saine pratique de prendre pour guides les essais sur de petits cubes de pierres isolés, les préjugés me surent assez mauvais gré de ma remarque et des critiques qui l'accompagnaient : cependant, et il est aisé de s'en apercevoir, on en est venu à la longue à n'accorder , ainsi que cela devait être, à cet argument qu'une valeur des plus minces, et même on se borne presque à lui faire des politesses. Lorsqu'à l'époque de la discussion du projet qui a précédé celui dont il s'agit , je prouvai le peu de cas que l'on devait faire de ces expérimentations dans un manége, sur lesquelles on fondait tant d'espérances (1), combien ne m'en ont-ils pas voulu ! Eh bien ! je le demande, la présentation du projet actuel, qui, on en convient, a peu de rapports avec son prédécesseur, n'est-elle pas une des meilleures preuves que l'on puisse donner de la justesse de mes démonstrations? Sans doute, on n'en est pas encore arrivé à envoyer ces expérimentations à leur véritable place, et même on leur fait toujours, ce qui ne coûte rien, des gracieusetés : mais on ne les éconduit pas moins ; mais il n'en est pas moins constant pour toutes les personnes qui examinent froidement, avec impartialité, la valeur des choses, que l'on s'était fait à leur sujet de grandes illusions, et que si on ne l'avoue pas formellement, du moins on le sent. Etaient-ils donc fondés

---

(1) Ces espérances, il est juste de le dire, étaient d'autant plus légitimes, qu'elles se présentaient sous le patronage d'un des savants les plus estimés et à bon droit de toute l'Europe. Ce n'étaient pourtant que des bulles de savon.

ces préjugés, dans la froideur dont ils m'honoraient? Ma position aujourd'hui est pareille : dans mon Essai de traité sur l'entretien j'ai fait voir que les essais sur lesquels s'appuie le projet actuel, projet que je ne connaissais pas alors, et que je pouvais d'autant moins connaître qu'il n'était probablement pas rédigé, ne méritent pas plus de confiance, soit parce qu'à l'instar de ceux dont je viens de parler ils ont eu lieu dans des circonstances qui ne sont pas celles qui se présentent sur les routes, et surtout sur celles bien tenues, soit parce que l'on y prend pour guide une hypothèse entièrement inexacte, soit enfin parce que l'on y néglige des attributs fort importants et qui n'ont pas moins de valeur, surtout dans leur ensemble, que ceux que l'on prend pour base. Cette œuvre a produit le même effet, et il était impossible que cela ne fût pas (voir les §§. 11., 12 et 13). Nul chef d'administration n'aurait pu l'empêcher : la haute supériorité de caractère et d'intelligence, la noblesse des pensées et des actes ne sauraient être le lot de tout le monde. Celle que j'exécute en ce moment le produira à un degré plus éminent encore, et elle n'en sera pas moins le résultat d'une longue et heureuse pratique, la suite d'observations et d'études aussi persévérantes que consciencieuses.

Mais s'il arrive constamment que ce qui, proposé par la théorie, et déclaré mauvais par la pratique, soit au bout de peu d'années reconnu tel et éconduit par celle-là, quelle que soit du reste la gracieuseté, la politesse du procédé d'éconduction, n'est-il pas rationnel de regarder comme probable qu'avant long-temps il en sera des vues auxquelles je fais allusion, si l'examen du sujet est confié à d'autres ingénieurs, ce qu'il en est de celles dont je viens de parler? Quand on est dans une mauvaise voie, on a beau dire et beau faire, on est sûr, tant qu'on ne la quitte pas, de se fourvoyer. Passons à l'étude particulière de ces vues.

1.º Ce n'est pas moi qui combattrai la première, car il y a assez long-temps que je dis et répète, d'abord, que c'est une erreur de supposer les voitures au trot plus préjudiciables, surtout sur les routes bien tenues, que celles au pas; ensuite que, lors même que cela serait, ce ne devrait pas être un motif pour ne pas les traiter plus favorablement, vu que ce n'est-là qu'une des faces de la question, et qu'une autre face bien plus importante, et la plus importante de toutes, c'est que les voyageurs valant généralement sensiblement mieux que les ballots, il est rationnel de faire sensiblement plus pour les véhicules qui leur sont consacrés que pour les autres;

2.º C'est à mon avis une des pensées les plus erronées, une des mesures les plus déplorables qui aient jamais apparu dans un projet de loi, que celle de proscrire les jantes au-dessous de sept centimètres pour les charrettes, au-dessous de six pour les chariots. Transportez-vous dans les communes rurales d'une contrée quelconque de la France, dans ces communes qui contiennent au moins les deux tiers de sa population, et étudiez-y l'état des choses sous ce rapport : vous y verrez, d'une part, que les véhicules proscrits, véhicules dont l'industrie habituelle n'est d'ailleurs pas celle du roulage, sont en nombre considérable, qu'ils y sont même en nombre beaucoup plus considérable que ceux qui circulent journellement sur les routes royales et départementales, et qui y exercent précisément cette industrie; que de plus ils n'empruntent que de loin en loin ces voies, et presque toujours avec des charges proportionnellement inférieures à celles que l'on accorde à ceux-ci; d'autre part, que ce sont surtout les cultivateurs pauvres, et le nombre en

est grand , qui en ont à jantes minces ; que parfois les leurs
ont à peine quatre centimètres , et qu'il en est ainsi parce
que leurs chevaux , bœufs ou vaches , de petite espèce et
mal nourris, étant très-faibles , l'indigence leur fait une loi
de n'acheter que les véhicules à la fois les moins coûteux
et les plus légers ; enfin , que beaucoup de propriétaires aisés et qui généralement ne s'occupent pas ou très-peu de culture , qui même pour la plupart habitent la ville pendant
la plus grande partie de l'année , ont des chars de cinq centimètres avec lesquels on va parfois au trot (1) , et qui
presque toujours sont faiblement chargés , en raison de ce
que leurs possesseurs craignent de gâter l'allure de leurs chevaux , qui , plus ou moins fins , ont pour destination principale d'être attelés à des berlines , cabriolets , etc.

Comme en exposant mes idées je me préoccupe plus de l'a-
venir que du présent , et cherche surtout à être le plus possible dans le vrai , afin que cet avenir ne me démente pas ,
je n'éprouve aucun malaise à laisser couler toute ma pensée ,
lors même qu'elle choque et rebrousse les opinions de ce
présent.

Je dirai donc sans hésiter que la proposition dont il
s'agit suffirait à elle seule au besoin , si les incertitudes et
les changements dont les projets font foi ne venaient, du reste
en bonne compagnie , le démontrer surabondamment , pour
attester l'ignorance profonde qui règne encore dans la matière. Un article de loi encore en vigueur prescrit dans
certains cas un acte que j'ai souvent traité de vandalisme ,
le brisement des roues ; eh bien ! je crois pouvoir l'affirmer

(1) Ils auraient , conformément au projet de loi, six centimètres , que ,
comme ils ne sont pas suspendus, ils n'auraient pas le droit d'être menés au
trot.

sans crainte d'être contredit plus tard par la science, la mesure que je discute mérite à meilleur droit encore ce titre.

Quoi ! vous allez rayer de la liste de ce qui est permis plus du tiers des voitures d'un pays, celles qui sont le bras droit de votre mère nourricière, l'agriculture, celles surtout qui appartiennent aux plus pauvres, car, je vous le répète, plus on est pauvre, plus on est atteint par votre proscription, des voitures enfin dont pas une peut-être n'emprunte vos routes plus d'une fois par semaine, et vous appelez cela de l'économie, du progrès ! et depuis le temps que la pratique ne cesse de vous le répéter vous faites la sourde-oreille ! On serait vraiment tenté de vous demander s'il est vrai qu'il y ait des époques où des individus, des corps, des sociétés marchent à l'erreur avec une prestesse, un dégagement que rien n'arrête, et que de crier gare ! ne fait que hâter.

Lorsqu'une proposition ou un ensemble de propositions capable de produire un grand mal manque de justesse, il est heureux pour la société que dès le début elle se décèle par des erreurs de cette force : mais poursuivons, en voici une plus remarquable encore.

L'observation ayant prouvé qu'en général les roues de 17 centimètres ne touchent pas le sol sur plus de 12 à 14, on en a conclu que c'était une faute de tolérer des jantes de plus de 12. Voilà bien là un des tours de la théorie. En ce qui touche le sujet, elle est dans une telle disette de faits, que quand elle en trouve un bien avéré, incontestable, vite elle s'en empare et construit dessus, sans s'inquiéter si ce n'est pas sur du sable : aussi fait-elle, comme toutes les enfances, des chutes à chaque pas. Sa conclusion dans le cas présent est du même ordre que celle relative aux 500 francs de dommage en un jour.

En effet, l'étude du sujet fait voir, et la théorie aurait
dû aisément le deviner, que dès qu'une roue, même fort
étroite, a commencé quelque service, ses bandes s'usent sur
leurs bords, et que la largeur de son sillage est sensiblement
moindre que celle de sa bande. Supposons donc le projet
adopté, la règle en activité et les plus fortes roues en circulation, de 12 centimètres. Qu'arrivera-t-il? on sera en droit
de dire d'elles ce que l'on dit aujourd'hui de celles de 0. 17;
car, comme celles-ci, elles ne toucheront généralement le
sol que sur environ les deux tiers de leur largeur, et souvent sur beaucoup moins ; il sera alors tout aussi rationnel
de les proscrire qu'il l'est aujourd'hui de proscrire les premières ; tout aussi rationnel de proposer 8 centimètres pour
largeur maximum qu'il l'est aujourd'hui de proposer 12 ;
puis, après le chiffre 8, de passer à 6, à 4 et au-dessous.

Et qu'on ne pense pas que ce barbarisme fût difficile à
apercevoir ! La plus simple expérience suffisait pour cela ;
il n'y avait qu'à faire, pour des jantes au-dessous de 0. 12,
ce que l'on avait fait pour celles de 0. 17, observer. Mais
cela même n'était pas nécessaire, puisque dans mon Essai
j'avais traité cette matière, et que cet attribut des roues y
était expliqué tout au long.

Est-ce parce que le siège était fait que l'on n'en a tenu
aucun compte, ainsi du reste que de beaucoup d'autres attributs et principes? est-ce parce que ce qui vient de moi
ne sent pas l'orthodoxie? est-ce par d'autres motifs? je
l'ignore. Toujours est-il que quand, dans un tissu même
solide, une maille de cette sorte vient à manquer, il est rare
qu'il ait une longue durée.

3.° Depuis long-temps on savait qu'un des attributs des
roues à grand diamètre est de donner lieu à un frottement

plus faible , d'exiger moins de tirage , et depuis long-temps plusieurs industries le mettent à profit. Il n'y a probablement pas de charron de village , peut-être même de conduc_. teur de voiture , fût-ce le plus obtus roulier , qui n'ait appris par expérience ou par ouï-dire cette propriété. D'où vient donc l'industrie des transports a-t-elle jusqu'à ce jour refusé d'en tirer plus de parti qu'elle ne le fait? Vous, auteur ou partisan du projet nouveau, vous pensez que c'est par inadvertance ou par ignorance. Vous devez pourtant savoir qu'en général chaque industrie comprend assez bien ses intérêts , et que quand , surtout en tout pays , elle ne fait d'une chose bien connue que tel ou tel usage , il y a au moins dix à gager contre un qu'elle fait bien. Je crois donc pouvoir vous dire que si elle ne se sert pas davantage des grands diamètres , c'est parce qu'ils ont d'autres attributs qui contrebalancent et au-delà par leurs inconvénients l'avantage qui vous frappe. De votre haute sphère et les X en main vous décidez cavalièrement , après quelques heures d'examen par jour, pendant plusieurs semaines ou plusieurs mois , mettez si vous voulez un an ou deux , qu'elle se trompe. Vous ne songez donc pas que depuis bien des années elle a , elle , et partout , bien des milliers d'yeux , dont beaucoup fort vifs et très-pénétrants , fixés sur le sujet , que plus d'un savant , non moins capable et instruit que vous , l'a aidée et l'aide journellement dans ses recherches ; que par conséquent quand vos idées sont contraires à ses usages , elles doivent vous inspirer une grande défiance. Et n'allez pas croire que je vous oppose cet argument comme une fin de non-recevoir ; je ne vous le présente que pour vous faire sentir que, dès l'instant que sur l'attribut en question vous n'enseignez rien qui ne soit bien connu , il est peu probable que vos conseils, vos affirmations lui vaillent, de la part de la pratique, un accueil qu'elle ne lui accorde que dans des cas très-restreints.

Il me serait facile de vous citer un certain nombre de ces inconvénients, de ces attributs désavantageux qui paraissent vous avoir échappé ; mais cette partie du sujet ne me paraît pas assez importante. Vous-même d'ailleurs avez reconnu la nécessité d'une assez large exception en faveur des messageries, et vous ne devez pas trouver improbable que si l'ensemble du roulage et des cultivateurs avait eu près de vous des avocats aussi nombreux, actifs, intelligents et unis que cette industrie, il eût pu refroidir beaucoup vos bonnes dispositions pour les grands diamètres.

Je suis du nombre des propriétaires (1) qui ont un de ces chars à jantes de 0. 05 dont j'ai parlé : or, je puis vous assurer qu'elles ne m'ont nullement séduit, et je doute qu'elles séduisent une seule des personnes qui sont dans le même cas. Il est vrai que comme ces véhicules sont des couteaux, vous ne voudriez pas même nous les tolérer quand nous donnerions à leurs roues deux mètres de diamètre. Nous nous soumettrons donc ; mais il n'en est pas moins vrai de dire que proscrire plus de cent mille véhicules aussi complètement inoffensifs, ce n'est vraiment pas de la raison.

Un autre attribut des grands diamètres, attribut qu'il y a une douzaine d'années j'ai rendu palpable, et que d'ailleurs toute personne instruite prévoyait ou même connaissait, c'est que les circonférences qui les ont doivent nécessairement donner aux roues la propriété de toucher le sol sur une plus grande surface : d'où l'on tire la conclusion fort sensée que, toutes choses égales d'ailleurs, elles doivent user

____

(1) Ce nombre me paraît devoir être considérable, et je serais surpris que dans les 37 mille communes de France il ne dépassât pas de beaucoup cent mille.

moins les routes. Mais entre les diamètres extrêmes la différence est-elle bien sensible? Et si cette usure est moyennement par jour et par cheval, y compris celle produite par
les pieds de celui-ci, de 0. fr. 054, aura-t-on pour le premier point extrême, par exemple, 0. fr. 048, et pour
le second 0. fr. 060, ou aura-t-on d'autres chiffres?
c'est ce qu'il me paraît fort difficile et bien moins important encore de décider.

L'usure est, ainsi que je l'ai démontré dans mon Essai,
fonction d'attributs très-divers, et même du degré d'aisance
ou de pauvreté des possesseurs de voitures ; il est donc peu
judicieux de n'avoir égard qu'à une partie d'entre eux, et
cela à d'autant plus juste titre que l'étendue du contact
n'est, comme l'expérimentation le démontre, proportion-
nelle à aucune des combinaisons que l'on peut établir entre
la largeur des jantes et la grandeur des diamètres. Mais à
quoi bon perdre du temps à des spéculations de cette sorte?

On ne saurait refuser d'admettre qu'il ne fût à désirer
pour la société que toutes les voitures fussent solides et bien
construites, que leurs essieux fussent en fer et non en bois ;
que quand les bandes sont en mauvais état ou trop usées
d'un bord, ce qui est très-fréquent, elles fussent convenablement réparées ; que les boîtes fussent en bon état et bien
huilées ou graissées (1). Mais tout cela demande des dépenses, des soins, et, bien qu'exerçant sur l'usure une action
encore plus grande que les diamètres, ne saurait être régle-
menté, à moins que l'on ne voulût accabler d'entraves une

____

(1) Le frottement sur l'essieu est souvent tel, qu'il a, à lui seul, plus d'influence sur le taux de l'usure que les diamètres. D'où vient donc ne le ré-
glemente-t-on pas? Est-ce parce que l'on n'y a pas encore songé ou parce
que cela n'est pas commode?

industrie qui a besoin au contraire d'être affranchie de celles qui depuis trop long-temps la fatiguent.

Sans doute il y a beaucoup de choses qui ont besoin d'être réglementées, et, sous certains rapports, celle-ci est dans ce cas. Mais sous celui des chargements elle n'y est pas. Leur réglementation n'a d'autre effet que de coûter fort cher, de mettre plus ou moins souvent et long-temps en jeu une foule de personnes qui pourraient beaucoup mieux utiliser leur temps, et d'être une source d'impuretés révoltantes.

De ce qu'entre une chose et une autre, les grands diamètres et les petits par exemple, on voit une ou deux différences plus ou moins prononcées favorables à l'une d'elles, on en conclut qu'il faut mettre en scène celle-ci, et lui créer des avantages. Mais c'est-là une manière de raisonner tout-à-fait défectueuse. D'abord, deux différences ne constituent pas à elles seules toutes les propriétés, tous les attributs de ces deux choses, et il est fort possible, c'est même ce qui me paraît avoir évidemment lieu dans l'espèce, que l'ensemble de ces attributs conduise à une conclusion contraire ; ensuite, cette conclusion ne le fût-elle pas, qu'il faudrait encore de puissants motifs pour en faire un objet de réglementation. Car sans cela que ne réglementerait-on pas ? Est-ce qu'il n'y a pas des différences en tout, partout et pour tout ?

Si ce n'était trop prolonger la discussion, je citerais des exemples qui rendraient cette observation encore plus frappante, mais, et à plus forte raison dans un travail abrégé, on ne peut tout dire.

L'entretien est créé pour l'industrie des transports, et non celle-ci pour lui ; or, il est parfaitement établi que la seconde met en action une quantité de ressorts, de moyens et des sommes tellement considérables, en comparaison de ceux qui sont nécessaires au premier, qu'il y a vraiment de l'aveuglement à expérimenter sur elle, tant que l'on n'a pas acquis la certitude qu'en agissant convenablement sur lui on ne peut atteindre le but que l'on se propose. Or, on ne peut dire, surtout dans une matière aussi profondément arriérée, que cette certitude soit acquise quand les praticiens qui y ont le mieux fait leurs preuves affirment et publient, bien qu'ils sachent que l'administration ne leur en saura pas gré, que ce but est possible et même facile à atteindre.

4.° Une des choses que je m'explique le moins dans le nouveau projet, c'est la suppression du tarif d'été, son assimilation au tarif d'hiver. Cette disposition heurte à tel point la pratique dans deux des attributs les plus importants et les plus utiles des routes, que je me suis déjà demandé bien des fois comment on a pu s'y décider, et surtout pour un motif d'aussi faible valeur que celui des marchés.

Il est un fait constant pour tout ingénieur qui a quelque spécialité dans la matière, c'est que pendant sept à huit mois de l'année au moins une route quelconque, si elle est bien tenue (1), présente une fermeté, une solidité incomparablement plus grandes que durant les autres mois. A cet attribut déjà fort essentiel il en faut joindre un autre qui ne l'est guère moins, et dont j'ai démontré dans mon Essai l'existence, à savoir : que pendant la première époque l'usure croît dans une proportion bien moins rapide que les charges ; que par conséquent la société a un intérêt incontestable et très-marqué à ce que pendant sa durée ces charges soient aussi élevées qu'elles peuvent l'être.

______

(1) Je n'ai pas besoin d'ajouter : *et qu'elle soit suffisamment rétribuée*, attendu qu'une route qui n'est pas suffisamment rétribuée ne saurait être bien tenue.

Et en présence de deux propriétés aussi avantageuses, on n'admet qu'un tarif d'hiver ! Encore quelques années, et nul ne le voudra croire. Certes, c'est-là encore un exemple remarquable de l'utilité de la connaissance des attributs ; il ne l'est guère moins que celui relatif aux jantes de 0. 17 (1).

Mais est-ce que les entrepreneurs à qui il conviendrait, par telle ou telle raison, de ne pas faire usage du tarif d'été, ne seraient pas entièrement libres de n'en rien faire ? Pourquoi donc ôter à tout propriétaire de voiture, entrepreneur ou non, cultivateur ou non, le droit de s'en servir ? C'est-là un procédé analogue à ceux qui tendent à niveler, non pas en élevant, mais en abaissant.

Présentez un tarif d'hiver si cela vous plaît, soit ; mais ne privez pas la société des avantages auxquels, à l'aide de celui d'été, les deux attributs cités lui donnent la faculté et le droit de prétendre.

5.º En présence du travail et de l'opinion d'hommes aussi éclairés et distingués que ceux qui ont évalué à dix millions par an le surcroît de frais de transport que devait subir la nation par suite du changement de réglement qu'ils proposaient, je ne me sens pas la force de combattre une affirmation aussi peu justifiée que celle d'une économie. Sans doute, si l'ensemble des vues nouvelles offrait un caractère de pratique et de justesse quelque peu satisfaisant, ce serait une tâche à ne pas omettre ; mais comme, et je crois l'avoir suffisamment démontré, c'est le contraire qui a lieu, je pense que cela serait peu utile, d'autant moins utile que ce qui me

---

(1) La science des attributs est le fil d'Ariadne dans le labyrinthe. Avec elle on résout tous les problèmes, ceux du cabinet comme ceux du terrain ; sans elle on s'égare à chaque pas, même dans celui-là.

reste à dire à l'article des causes n'expliquera que trop bien d'où proviennent toutes les idées fausses.

§. 43. — Avant de passer à ces causes revenons sur le moyen que j'ai proposé de résoudre par l'expérimentation le problème de la possibilité ou de l'imposs'bilité de l'affranchissement des transports.

Dans son exposé des motifs du projet de loi sur les chemins de fer, M. le Ministre des travaux publics a dit à la chambre des députés que sur la route royale établie entre Avignon et Marseille (cette route fait partie du service qui m'est confié), il circule plus de quatre cent mille voyageurs, et de trois cent mille tonnes de marchandises. Cela fait par jour,

> En voyageurs. . . . . 1095 personnes.
> En marchandises. . . . 820 tonnes.

Si l'on convertit le premier nombre en poids, et qu'à tous deux on ajoute celui des véhicules, on aura un tonnage total sensiblement plus élevé que 1200 tonnes (1). Mais bornons-nous à ce chiffre.

Au prorata de 2,200 francs pour 111 colliers, cette voie devrait recevoir, même en supposant, ce que cependant je crois exagéré, que ces 111 colliers représentent un poids de 140 tonnes; devrait, dis-je, recevoir dix-neuf mille francs par lieue. Or, il ne lui en est accordé (en nombre rond) que 7,100 francs (avant l'établissement du service d'expériences elle avait moins encore).

Si, au lieu d'évaluer sa dépense par la méthode très-superficielle que l'on vient d'employer, on se sert de la formule indiquée dans mon Essai, on ne trouve plus qu'une

(1) Je ne sache pas de route au monde qui, sur la longueur de vingt-six lieues qu'elle a, ait un tonnage qui ne soit fort au-dessous de celui-là.

douzaine de mille francs. Mais je dois rappeler, au sujet de cette formule, ce que j'en ai déjà dit en plusieurs circonstances, à savoir : qu'elle donne constamment une dépense minimum, et qu'elle a été établie pour les cas où l'entretien est exécuté avec beaucoup d'économie, sans la moindre recherche, c'est-à-dire en supprimant ou faisant plus rarement nombre de travaux qu'aujourd'hui déjà sur bien des points les exigences du public commencent à réclamer (1).

Ajoutons à ces documents, que cette route n'est pas encore entièrement rétablie, que son personnel n'y a pas encore toute la spécialité désirable, enfin que l'ensemble des matériaux y est d'une qualité ordinaire, et plutôt inférieure que supérieure.

Or, quel inconvénient y aurait-il, je le demande, à ce que pendant une ou plusieurs années il fût, au su et connu de tout le pays, ordonné aux préposés à bascule de n'y entraver en rien la circulation, de la laisser faire absolument comme bon lui semblerait, en deux mots à ce que l'on y organisât cette liberté que l'on croit si terrible, et que moi, qui l'ai vue souvent à l'œuvre, je trouve si peu dangereuse?

A chaque extrémité de cette voie se trouve un chef-lieu de préfecture. Les deux administrateurs qui y sont à la tête de chaque département sont des hommes d'un mérite et d'une activité incontestables et incontestés, et l'on pourrait être certain, en leur donnant la latitude d'arrêter la continuation de l'essai dès le jour où ils y entreverraient le moindre danger, qu'il n'en pourrait offrir aucun.

(1) Je ne puis mieux donner l'idée de la modicité des sommes fournies par cette formule qu'en disant que, lorsqu'on l'applique à l'ensemble des routes royales de la France, on ne trouve qu'environ 1,400 fr. au lieu de 2,200 fr.

Je ne sais si ceux de mes collaborateurs qui sont chargés de cette route s'effraieraient le moins du monde de la responsabilité qu'il ferait peser sur eux : j'en doute. Mais cela serait, que je n'hésiterais pas à l'assumer seul, et n'aurais nul soúci du résultat : j'en ai cependant, je prie de le croire, de ma réputation.

Toutefois je ne prétends pas à l'impossible. J'ai dit et redit assez souvent que les empierrements ont, comme toutes choses, leurs désavantages aussi bien que leurs avantages, et que parmi ceux-là se trouvent, tous les hivers, quelques semaines, un ou deux mois si l'on veut, durant lesquels ceux qui sont fatigués et surtout très-fatigués sont plus ou moins boueux et tirants (1). Il ne me viendra certainement pas à l'esprit de m'engager à soustraire à ces désavantages aucun de ceux qui sont dans ce cas, à bien plus forte raison ceux qui y sont au plus haut degré.

En ce qui concerne l'essai dont il s'agit, je n'hésite pas à assurer que, si on lui accordait huit mille francs par lieue, neuf au plus, la viabilité n'en irait pas moins, malgré l'entière liberté du roulage, en continuant de s'améliorer de plus en plus (2).

Il me semble que si une expérience tentée dans des circonstances aussi désavantageuses réussissait, et j'affirme qu'elle réussirait, elle lèverait tous les doutes. Mais d'ailleurs

(1) A ces époques, ils seraient fréquentés uniquement par des voitures vides, que, si le nombre en était considérable, cet inconvénient se présenterait toujours ; seulement il serait beaucoup moindre. Les partisans de la réglementation sont dans une grande erreur s'ils croient qu'avec leurs tarifs ils détruiraient les attributs auxquels je fais allusion.

(2) On ne manquera pas de me demander, et l'on aura raison, pourquoi ayant évalué les besoins, dans un cas à 49 mille francs, dans l'autre à 12, j'estime à présent que 8 ou 9 mille suffiraient : le motif en est simple, c'est que je suis certain que le tonnage, bien qu'énorme, est en moyenne moindre d'au moins un quart que je ne l'ai supposé.

rien n'empêcherait d'en faire dans d'autres parties de la France deux ou trois du même genre. Aujourd'hui le nombre des ingénieurs qui ont quelque spécialité dans l'entretien, bien que peu considérable, commence à s'accroître, et plusieurs seraient certainement en état de les diriger ; je pourrais citer par exemple MM. Dumas, Dupuit, Dugué, Boulanger, et plus d'un de mes collaborateurs : qu'un avancement inaccoutumé leur fût assuré si le succès couronnait leurs efforts, et ce succès ne serait pas douteux.

CAUSES DES IDÉES FAUSSES.

§. 44. — Il y a des sujets que l'on ne peut aborder sans être certain à l'avance de créer des douleurs ; des sujets qui sont comme ces malades que le chirurgien chargé de les opérer ne peut approcher sans les faire crier. C'est en vain que l'on prend les précautions les plus minutieuses pour l'éviter, il y a toujours production de douleur ; parfois même il arrive que mieux on agit, mieux on opère et plus elle est vive. S'ensuit-il que les précautions ne doivent pas être prises ; que l'opération ne doit pas être faite ? évidemment non.

Comme malgré tout ce que j'ai déjà pu faire, je sais l'accueil que court le risque de recevoir ce qui me reste à dire, je crois encore à propos de faire quelques citations :

« Rien ne dispose davantage à *la bienveillance* que de
» placer la nature humaine dans un jour favorable, d'envi-
» sager les hommes et leurs actions du plus beau côté, de
» donner à leur conduite une interprétation avantageuse, et
» de considérer enfin leurs défauts comme l'effet de leurs

» erreurs plutôt que de leurs vices. » (Nouveau Diction-
naire universel des synonymes par M. F. GUIZOT.) (1)

« Je hais cette chaleur de quelques hommes qui ne peu-
» vent souffrir que l'on sépare les défauts de ceux qu'ils
» admirent de leurs perfections , et qui veulent tout consa-
» crer. » (VAUVENARGUES.)

« Je suis ami de **Platon** , mais je le suis encore plus de
» la vérité. » (ARISTOTE.)

Je ne crois pas qu'en **France**, pas plus qu'en aucun autre
pays, il y ait , en fait de lumières, d'intelligence et de pureté d'intentions, une administration supérieure à celle des
ponts et chaussées , j'ai même la conviction que sous tous
les bons rapports il y en a bien peu qui l'égalent. Mais
s'ensuit-il qu'elle échappe à la loi commune qui veut que toute
agglomération, comme tout individu , ait ses défauts, et ne
voie pas une poutre dans son œil? à coup-sûr non , et elle-
même en conviendrait : seulement il est probable qu'à chacun de ceux qu'on lui indiquerait elle répondrait : *Je n'ai
pas celui-là* , car c'est-là encore un article de cette loi. Doit-
ce être un motif pour ceux qui ont vieilli dans son giron ,
et qui ont cru utile d'observer et d'étudier ces défauts , de
les taire? Il me semble que dans son intérêt à elle-même ,
et surtout dans celui de la société , il serait fâcheux qu'il
en fût ainsi.

Parmi les choses que cette société est en droit d'espérer
d'elle et des ingénieurs qu'elle met à sa disposition , se trouve
évidemment l'exposition des vérités, de quelque ordre qu'elles
soient , qu'ils peuvent juger avantageuses à la tâche dont
elle les charge , sous la réserve bien entendu d'y procéder

---

(1) Je doute qu'il me soit arrivé dans aucun de mes écrits de pécher contre cette maxime ; mais si cela m'est arrivé , c'est rarement, et il a fallu que
j'eusse été poussé à bout.

constamment chacun suivant sa sphère et sa position , avec les égards , la mesure , les ménagements qui , sans affaiblir cependant ces vérités, les rendent le moins amères possible à ceux qu'elles doivent mécontenter. Je dis *à ceux qu'elles doivent mécontenter* , parce que des vérités déplaçant toujours des erreurs , il est impossible que ceux chez qui celles-ci étaient logées n'en éprouvent pas ce sentiment.

§. 45. — Un fait que j'ai déjà signalé bien des fois , et dont il me paraît essentiel que cette société se pénètre , dont par conséquent il importe de l'entretenir souvent , c'est que depuis que le corps des ponts et chaussées existe, l'entretien des routes n'y a offert en aucun temps , à aucune époque la moindre chance d'avancement ; c'est que même aujourd'hui on ne sait encore lui faire que des politesses ou des promesses.

Voici ce que je disais , à ce sujet , dans ma brochure de février 1839 (Comparaison des routes , etc. , page 376) :

« On peut avancer , sans crainte de se tromper , que de-
» puis que le corps des ponts et chaussées existe , il n'y a
» pas dix ingénieurs qui aient dû leur avancement à des
» succès dans l'entretien (1) ; quelques-uns et encore fort
» peu ont pu lui devoir un changement de classe , mais
» c'est-là tout : or, en bonne conscience , a-t-on bien pu
» espérer que la spécialité pénétrerait là où les chances de
» récompense, disons mieux de justice , étaient presque
» nulles. Cette réflexion si simple , si naturelle , frappe
» les moins clairvoyants. Aussi un jour que nous disions à

(1) Pour mon compte je n'en connais qu'un , et ceux de mes confrères que j'ai consultés n'ont pu m'en indiquer d'autres. Peut-être parmi ceux qui, comme l'auteur de cette brochure, ont dû le leur à l'ancienneté , en trouverait-on quelques-uns qu'à la rigueur on pourrait, faute de mieux, considérer comme pouvant lui être adjoints ; mais le nombre en fût-il d'un cinquantième, d'un quarantième et plus, que serait-ce ?

» un ingénieur en chef que ses collègues et lui devraient
» engager fortement les ingénieurs ordinaires à se livrer
» avec zèle à l'entretien, il nous répondit : — *Ne croyez pas*
» *que cette recommandation soit encore à faire, mais elle est*
» *accueillie par trois mots sans réplique :* A QUOI BON !

Je demande à toute personne sensée s'il serait possible qu'en présence d'un pareil fait, et surtout poussé aussi loin, un métier, un art, une science, quels qu'ils fussent, ne restassent pas dans un état complet de langueur, disons plus d'étisie. Mais poursuivons.

§. 46. — On lit dans le même ouvrage (pages 377, 378 et 379) :

« Ce n'est pas tout : les travaux d'art exigent d'ordinai-
» re que les inspections soient faites dans la belle saison :
» or, l'entretien des routes exige qu'elles le soient dans la
» mauvaise. Que résulte-t-il de là? que presque toujours
» celui-ci est sacrifié, et que lors même que MM. les inspec-
» teurs y seraient spéciaux, supérieurs si l'on veut, ce qui
» ne peut pas être, puisqu'à l'époque où par leurs talents,
» leur activité, leur labeur ils conquéraient leurs grades
» on n'avait à son sujet que les idées les plus fausses, il ne
» recevrait généralement d'eux que peu de secours.

» Aux faits bien graves que ces réflexions ont pour ob-
» jet nous pourrions en ajouter d'autres, mais ceux-là nous
» paraissent suffire.

» 5.º Il arrive journellement à une partie de nos con-
» frères de nier que l'entretien soit très-arriéré : faisons
» remarquer en passant que la plupart de ceux qui expri-
» ment cette opinion ne l'ont que parce qu'ils se font une
» idée inexacte de ce qu'il est, ce qui le plus souvent est
» dû à ce qu'ils n'ont pas même eu occasion d'y acquérir
» les premiers rudimens de la spécialité. Nous avons, dans

» plusieurs de nos écrits, donné des preuves de leur erreur
» à cet égard, et nous pourrions en donner bien d'autres ;
» mais nous croyons plus utile de faire observer que, dès
» les premiers pas que l'on cherche à faire dans l'art comme
» dans le métier, on se trouve arrêté par nombre de ques-
» tions importantes dont la solution n'a pas même été ten-
» tée, bien mieux qui n'ont pas seulement été posées.
» Pour en donner une idée, citons-en une qui à elle seule
» en comprend bon nombre.

» Les dépenses qu'exige l'entretien d'une route sont dues
» à des causes multipliées et très-diverses dont les plus in-
» fluentes, énoncées dans leur ordre de prépondérance,
» sont les suivantes : 1.º le tonnage, l'espèce de voitures
» par lesquelles il a lieu, l'époque où il est le plus fort ;
» 2.º l'état de la route au moment où on la considère ;
» 3.º la nature des matériaux ; 4.º leur prix ; 5.º le cli-
» mat (1) ; 6.º le coût de la main-d'œuvre.

» Il serait évidemment bien essentiel de connaître, ne
» fût-ce qu'approximativement, le degré d'influence rela-
» tive de chacun de ces éléments, car tant qu'on l'ignorera
» on ne pourra opérer d'une manière rationnelle la distri-
» bution des crédits annuels, soit entre les différents dépar-
» tements, soit entre les diverses routes d'un même dépar-
» tement.

» Eh bien ! cette question non seulement n'est pas réso-
» lue, mais n'a pas même été posée. Aussi qu'en résulte-t-

______

(1) « Aux yeux d'une partie des ingénieurs français le climat du nord
» est plus défavorable aux routes que celui du midi, c'est-à-dire que,
» toutes choses égales d'ailleurs, la dépense de l'entretien y doit être plus
» forte ; aux yeux d'une autre partie c'est l'opinion contraire qui est la
» vraie ; enfin, il en est un certain nombre qui ne savent qu'en penser.
» Bon nombre des seconds sont d'avis que notre système n'est pas applica-
» ble au midi. »

» il? d'une part , que tels et tels départements qui de-
» vraient recevoir **10** ou **15** , ne reçoivent que **8** ou **12** ,
» tandis que tels ou tels autres à qui il ne devrait être ac-
» cordé que **8** et **12** , reçoivent **10** et **15** ; d'autre part ,
» que les différentes routes de certains départements sont
» dans le même cas.

» Dans l'intérêt général comme dans celui de la vérité,
» ne serait-il pas utile que l'on fît quelque chose pour la
» solution de cette question (1)?

» 6.° Il nous paraît résulter de ce qui précède que les
» obstacles qui s'opposent le plus en France au progrès de
» l'entretien , exposés dans leur ordre d'importance , sont :
» 1.° l'espèce d'ilotisme auquel il a été condamné jusqu'à ces
» derniers temps, ilotisme qu'indiquait au mieux le titre de
» *pousse-cailloux* que l'on donnait aux ingénieurs qui en
» étaient chargés ; 2.° le peu de spécialité et l'absence com-
» plète de supériorités qui s'en sont suivies ; 3.° la diver-
» gence dans les idées , et par suite dans les préceptes, qui
» résulte de l'état arriéré ; 4.° le manque de surveillance jour-
» nalière des cantonniers , manque de surveillance qui est
» dû en grande partie à l'insuffisance du traitement de ceux
» qui en sont chargés (2) et à la trop grande longueur de
» route qui leur est confiée ; 5.° le manque presque absolu
» de spécialité de ces agents ; 6.° enfin , et par suite de ces
» causes , l'ignorance dans laquelle les cantonniers sont de
» leur métier. »

Ainsi donc , voilà une tâche, un genre de connaissances

______

(1) « Le service dont nous sommes chargé traversant sept départements ,
» nous fournit une occasion bien favorable de nous occuper de cette solu-
» tion. Il ne tiendra pas à nous que l'obscurité qui l'enveloppe dispa-
» raisse. »

(2) Depuis que ceci est écrit cette position a été améliorée.

en vue desquels surtout le corps a été créé, par lesquels doit vivre et prospérer une des industries fondamentales du pays, celle des transports, celle des relations du plus grand nombre, car il est probable que pendant de longues années, et sans doute à toujours, les routes seront les rues de l'ensemble des habitants de la France; les voilà, dis-je, ayant pour encouragements, pour soutiens des *A QUOI BON!* pour garants, pour conseillers, pour guides, des ingénieurs, il est vrai d'un rare talent, d'une intelligence, d'une sagacité et d'un zèle auxquels personne plus que moi ne rend justice, mais qui s'en sont à peine occupés, mais qui n'y ont jamais fait leurs preuves, et qui n'y ont pas même eu occasion de les faire, qui par suite n'y sauraient avoir que des notions de peu de valeur. Et l'on s'étonnerait de l'état arriéré, des conséquences déplorables que j'en ai fait découler, de l'inexactitude des idées qui existent sur le système de réglementation, des erreurs monstrueuses qui parfois surgissent même dans les projets de loi, et à bien plus forte raison dans les réglements, dans les circulaires! Eh mais! ce ne sont-là que les récoltes dues : comme on sème on recueille.

Je ne décesse de répéter qu'en général la science des attributs est en toute matière la base du bon et du bien; que sans elle constamment on fait faute sur faute, on commet erreur sur erreur. Supposez réunis sur une route un peu difficile à traiter, et cela dans un des moments si nombreux de la mauvaise saison où un certain nombre des attributs importants sont eu jeu; les ingénieurs qui n'ont pas fait leurs preuves, ceux surtout qui n'en ont pas même eu l'occasion, et demandez-leur ce qu'il y a à faire, et la manière de le faire. Croyez-vous que tous ou presque tous ne seront pas dans le cas de se regarder comme les augures? Ces deux faits, le premier surtout, suffisent à tout expli-

quer ; mais il ne sera pas inutile d'en ajouter quelques autres.

§. 47. — Il y a, on le sait, des localités où les routes sont très-
mauvaises. Parfois les ingénieurs en sont, pour une cause
ou pour une autre, déplacés. Or, il est rare que dans leur
remplacement on ait égard et même on puisse avoir égard
à la spécialité dans l'entretien. Aujourd'hui, comme de
tout temps, ce que recherchent les ingénieurs qui se sentent
quelque valeur, les ingénieurs qui désirent de l'avancement,
ce sont des travaux d'art, et toujours des travaux d'art,
nullement des routes mauvaises, nullement des routes difficiles à traiter (1).

§. 48. — La tâche des ingénieurs consiste généralement
dans l'application ou la recherche de méthodes, de procédés
qui sont du ressort de métiers, d'arts, de sciences ; pour
lesquels par conséquent le principal élément de progrès gît
dans la certitude où chacun doit être que ceux qu'il décou-
vrira, non seulement ne pourront lui nuire, mais encore
lui feront honneur à lui et non à d'autres ; que rien, que
l'administration surtout ne saurait tendre à diminuer, à pa-
ralyser ses efforts en en masquant plus ou moins la source,
tout en en utilisant les résultats. Or, je serais porté à croire,
et je ne suis pas le seul, que sous ce rapport l'état de choses
actuel laisse peut-être à désirer ; que surtout il a de la propension à ne pas voir de bon œil les publications des ingénieurs qui exposent des vues différentes des siennes (2).
Cette propension, qui d'ailleurs me paraît inhérente à la
nature humaine, et dont par ce motif je ne parle que parce

______

(1) J'en excepte ceux en très-petit nombre qui ont fait une étude pratique toute particulière de cet entretien, et qui y ont fait leurs preuves.

(2) Quelques exemples opposés que l'on pourrait citer ne sauraient in-
firmer le fait.

qu'elle me semble avoir des inconvénients , existe-t-elle ou
n'existe-t-elle pas? Je ne sais : mais je crois avoir des raisons
suffisantes de me prononcer pour l'affirmative ; du moins
en ce qui touche les questions d'entretien et de roulage. Si
ces deux aperçus sont exacts , deux conséquences fâcheuses
en doivent découler : la première , que l'émulation ne peut
pas être ce qu'il serait à désirer qu'elle fût ; la seconde , que
des erreurs plus ou moins graves peuvent être données pour
des vérités sans que la responsabilité en pèse sur leur auteur , et avec la chance fort désavantageuse pour la société
de passer long-temps pour telles , attendu que les administrations ont beaucoup de peine à revenir sur ce qu'elles ont
proclamé vrai , surtout quand elles sont censées l'avoir tiré
de leur propre fonds. J'en pourrais citer un exemple remarquable.

En fait de métier , d'art , de science , une administration
doit , ce me semble , éviter le plus possible d'entrer dans la
lice , de laisser surtout présumer qu'elle puisse être autre
chose que juge des débats , débats que d'ailleurs la société
et elle-même ont intérêt d'encourager. Il serait bon , je crois ,
du moins dans cet intérêt , qu'elle donnât dans ses publications des analyses aussi impartiales et détaillées que possible
de tous les écrits quelque peu importants qui paraissent sur
ces connaissances, de ceux qui critiquent ses vues tout comme
des autres : les métiers , les arts , les sciences ne vivent que
de rapprochements , de combinaisons.

§. 49. — Nul en ce monde n'aime la contradiction , et
surtout quand elle vient de personnes spéciales , et surtout
mieux elle est fondée, un proverbe prétend même que ce
qui offense surtout, c'est la vérité. Il est donc naturel que
les administrations ne l'aiment pas , qu'elles l'aiment d'au-

tant moins qu'elle émane de leurs membres, lesquels cependant sont évidemment mieux en état généralement que qui que ce soit de rectifier leurs erreurs, et je ne pense pas qu'aucune se croie infaillible. Dans l'intérêt général pourtant cette contradiction est nécessaire, indispensable : comment dans tout procès s'éclairent les juges, les jurés ? par des débats.

Comme personne plus que moi n'est ami de la justice, de l'équité, du vrai, je citerai dans un moment un exemple qui prouve combien parfois sous ce rapport l'administration des ponts et chaussées est elle-même empressée, lorsque l'utilité d'une mesure lui paraît démontrée, de mettre de côté, du moins pour le moment, les sentiments que lui inspire cette contradiction. Mais le défaut n'en existe pas moins chez elle comme règle. Quelles en sont les conséquences ? d'une part, qu'elle n'accueille généralement qu'à la dernière extrémité, quand encore elle les accueille, les bons avis de ceux qui, la considérant non pas comme un despote et un tyran, mais comme un chef et un collaborateur dans une œuvre commune que la société leur a confiée en vue de son intérêt et non du leur, ne craignent pas de s'exposer à ses froideurs en lui disant, quand ils le croient, qu'elle se trompe ; d'autre part, qu'elle s'expose à ne pas recevoir ces avis alors même souvent qu'ils lui seraient le plus nécessaires.

Le projet de loi sur le roulage peut être cité comme preuve à l'appui.

Il y a, je crois, à l'administration un ou deux inspecteurs qui ne sont pas partisans du système de la réglementation, et qui sont précisément ceux qui se sont le plus occupés d'entretien, et avec le plus de succès. Eh bien ! ils ont été laissés entièrement à l'écart des discussions, des ex-

périences , des travaux préparatoires auxquels ce projet a
donné lieu (1).

Or , n'est-il pas évident que , s'ils y eussent pris part ,
ils eussent pu l'améliorer , et dans aucun cas n'eussent pu
nuire à la mise en lumière de la vérité ? Après la spécialité,
une des conditions *sine quâ non* du vrai, c'est le choc , le
débat contradictoire. Pense-t-on , par exemple , qu'un *lapsus*
comme celui relatif aux jantes de 0. 17 leur eût échappé,
surtout après la publication d'un ouvrage où ce *lapsus* a été
mis dans tout son jour ?

Comme tout naturellement chacun envisage les choses
du point de vue où il est placé , et que ce point de vue n'est
pas toujours le plus favorable , il se peut que j'aie tort de
voir là un défaut ; mais enfin c'est une opinion qui a beaucoup de vraisemblance , et le sujet est assez grave pour qu'elle
vaille la peine d'être examinée. J'arrive à l'exemple dont
j'ai parlé.

Au commencement de l'année 1837 il fut question dans
une présentation du jour de l'an, en lieu auguste , de l'état
affreux de la route de Lyon à Marseille , et de l'importance
capitale que l'on doit attacher à l'entretien des routes. L'avis
partait de trop haut pour n'avoir pas à l'administration du
retentissement , pour n'y pas mettre les esprits en émoi.
Eh bien ! qui cette administration a-t-elle alors appelé à
son aide ? Qui a-t-elle prié de se charger de la rude et pénible tâche de rétablir cette route (2) ? Un ingénieur qui

____

(1) Le bruit court que le conseil général n'a même pas été consulté :
comme il est trop invraisemblable pour être cru , je ne le rapporte que
comme un on-dit sans conséquence.

(2). Ce rétablissement , qui éprouve comme de juste le sort de toutes les
nouveautés de quelque portée , à savoir : d'être nié par les uns malgré sa
notoriété et des enquêtes détaillées , abaissé et vilipendé par les autres,
paraissait alors si difficile , qu'un ingénieur en chef qui connaissait la route,

ayant toujours fait profession de préférer son pays à son administration , et la vérité à son pays , n'a jamais hésité , pas plus qu'il n'hésite en ce moment , tout en proclamant aussi haut que personne ses éminentes qualités et la pureté de ses intentions , de ses vues , à signaler publiquement ses erreurs et ses défauts.

§. 50. — Plus qu'un fait , car ceux-ci me paraissent devoir suffire. L'administration a eu la sagesse, le bon esprit d'établir un service d'expériences sur l'entretien des routes (1) ; mais, en raison de ce que sur le tiers environ de son étendue ses crédits sont de beaucoup insuffisants , soit parce que le chiffre de la fréquentation et le tonnage y ont éprouvé un accroissement considérable , soit parce que le prix des matériaux en a fait autant, et y a parfois même doublé , soit par d'autres causes qu'il serait trop long et inutile d'énumérer, il y est loin généralement d'être dans un état satisfaisant (2). Or , ceux qui le parcourent ne voient

qui même avait eu à en soigner une partie, me disait dans les salons du chef de l'administration : « *La tâche que vous acceptez n'est pas possible* , *vous échouerez.* » Le maître du logis , l'ayant par hasard entendu, coupa court à ses prédictions, en lui disant : Veuillez, je vous prie, ne pas détourner M. B. d'une œuvre méritoire, d'une œuvre de dévouement ; j'ai déjà eu assez de peine à l'y décider.

Je viens de dire que le rétablissement de cette voie est encore , malgré son authenticité, contesté par certaines personnes ; citons un exemple. Il y a quelques semaines, le directeur du service de messageries le plus important du Midi, causant avec M. le sous-secrétaire d'état des travaux publics , cet administrateur lui demanda s'il était vrai qu'elle fût bouleversée, défoncée, impraticable ? — Cela , lui répondit celui-ci , est complètement faux ; elle est excellente.

Les bruits de cette sorte sont inévitables , et long-temps encore on les répandra. C'est à ceux qui savent comment toujours les vérités sont accueillies à leur début, à apprécier le cas qu'ils en doivent faire.

(1) On peut voir dans ma brochure d'août 1844 combien ce service a déjà été utile , combien il est appelé à l'être de plus en plus, et combien il serait à désirer qu'il en fût encore créé d'autres semblables.

(2) La position d'un ingénieur qui a des routes trop faiblement dotées

que ce fait : ils n'examinent pas, ne peuvent pas examiner si ces crédits sont suffisants ; ils n'imaginent pas d'ailleurs que dans un service de ce genre il puisse se trouver des points où ils ne le soient pas. Ils sont donc naturellement conduits à accuser les méthodes, les procédés qui y sont employés.

Il est de plus tout simple que les partisans de la réglementation voient avec plaisir cet état peu satisfaisant ; ils sentent trop bien que s'il ne laissait rien ou presque rien à désirer, on ne tarderait pas à rencontrer des conseils généraux qui, à l'instar de celui du département de la Sarthe, se prononceraient formellement contre elle.

Ajoutons que ce service, comme tout ce qui est d'une grande utilité, comme tout ce qui vient attaquer de front les préjugés, la routine, a des adversaires nombreux, dont plus d'un ne se fait pas faute de déblatérer contre lui, et que par suite il est difficile aux personnes, même les plus désintéressées et les plus impartiales, de savoir parfaitement à quoi s'en tenir à son sujet.

Sous le point de vue de l'ensemble général des idées, sous le rapport de l'état arriéré, ce service n'a donc pas encore produit tout le bien dont il était capable, et cela est dû surtout à l'insuffisance des sommes qui lui sont allouées sur le tiers de son étendue.

§. 51. — Si j'ai su expliquer avec toute la clarté qu'elles ont dans mon esprit, avec toute l'absence d'amertume pour les personnes qu'elles ont dans mon cœur, mais aussi avec le regret bien senti qu'elles laissent en tous deux, mais aussi avec le désir bien prononcé d'en faire sentir, dussé-je me

est fort claire. Il rend compte de cet état de choses, et tâche d'en démontrer la réalité. S'il ne peut obtenir qu'il soit fait droit à ses réclamations, il s'en afflige, il s'en désole, il redouble d'efforts ; mais il a beau faire, il ne peut empêcher ces routes d'être mauvaises.

répéter souvent, toute la gravité, toute la funeste influence ,
les causes du malaise qu'éprouvent en France presque toutes
les questions qui sont du ressort de l'entretien des routes
et de l'industrie des transports dans les relations qu'elle a
avec lui , j'ai atteint la partie la plus importante de mon
but , car le lecteur est convaincu , et l'est sans en vouloir à
personne , sans trouver à redire qu'aux choses.

Résumons en peu de mots les principales de ces causes ,
puis nous passerons aux moyens de les détruire.

§. 52. — 1.º La cause la plus profonde de l'état arriéré ,
ainsi que des erreurs et malaises de divers ordres qui en
proviennent , gît dans l'absence complète d'encouragements,
dans l'ilotisme auxquels a constamment été condamné l'entretien :

2.º Après cette cause , qui à elle seule suffirait ample-
ment pour les expliquer , vient d'une part le peu d'utilité
des inspections qui ont lieu dans la belle saison , et qui
sous le rapport de cet art devraient se faire dans la mauvaise ; puis le manque de spécialité , seulement bien entendu
en ce qui le touche , des ingénieurs qui en sont chargés :

3.º Enfin , l'administration redoute trop la contradiction ; elle n'apprécie pas à sa valeur l'utilité des débats (1) ;
elle ne sait pas assez où est la force.

MOYENS DE DÉTRUIRE LES CAUSES DE L'ÉTAT ARRIÉRÉ DE
L'ENTRETIEN ET DES ERREURS QUI EN DÉRIVENT.

§. 53. — Avoir indiqué les causes , et cela surtout
après avoir traité en détail des effets , c'est , dans les circons-

(1) Quand l'administration a confiance en un travail , il y aurait avantage
pour elle et surtout pour la société à ce que ce travail , avant d'être livré

tances analogues à celle qui se présente , en avoir indiqué le
remède.

A ce sujet , citons encore un passage de la brochure du
mois de février 1839 (page 381) :

« Un axiome presque banal dit que quand on a besoin
» de force il faut la prendre où elle est. Or., en ce qui con-
» cerne l'entretien , la force est dans les ingénieurs qui ont
» rétabli des routes que leurs confrères ne pouvaient réta-
» blir , celles très-fréquentées surtout , de même qu'à la
» guerre la force est en ceux qui ont su battre l'ennemi , et
» surtout un ennemi habile et fort.

» Faire faire par le moyen de ces ingénieurs la boule de
» neige à l'art et au métier , former par leur moyen le plus
» possible de spécialités et même quelques supériorités ,
» tant parmi les ingénieurs que parmi les conducteurs ,
» faire faire les inspections relatives aux routes pendant la
» mauvaise saison et par des hommes ayant fait leurs preu-
» ves , récompenser grandement , tenir peu de compte du
» savoir-dire et beaucoup du savoir-faire , organiser au
» travers de la France plusieurs lignes d'expériences faisant
» fonction d'écoles , c'est-à-dire faire pour l'industrie de
» l'entretien ce que l'on a senti la nécessité de faire pour
» toutes les grandes industries ; voilà en deux mots , si nous
» ne nous trompons , les véritables moyens de tirer l'entre-
» tien de l'ilotisme. »

Le jour où ceux des ingénieurs du service d'expériences
qui se sont acquittés et s'acquittent le mieux de leur tâche ,

à la publicité , fût communiqué aux ingénieurs qui ont prouvé par un long
passé qu'ils se sont le plus occupés , pratiquement surtout , du sujet ; ce serait le moyen d'y éviter des hérésies par trop fortes , telles entre autres
que celle-ci :

« Il est indifférent pour les routes que les roues aient 0^m115 ou 0^m175. »

qui se rendent le plus utiles , obtiendront un avancement et des récompenses inaccoutumées ; le jour où il en sera de même des conducteurs qui y ont des droits de même ordre ; le jour où quiconque , pour avoir fait ses preuves dans l'entretien , sera mis fortement en relief ; le jour où plusieurs lignes d'expériences seront établies et confiées à des praticiens qui auront fait ces preuves ; enfin , le jour où des essais auront été entrepris pour attaquer en face le problème de l'affranchissement de l'industrie des transports ; ce jour, dis-je , l'état arriéré et son cortége d'erreurs et de souffrances seront en pleine déroute. Ils n'auront pas disparu , parce qu'il faut bien du temps pour faire disparaître de tels ennemis , mais ils battront sans cesse en retraite , et l'on sera enfin sur la voie de la vérité , ce qui est le point capital.

CONCLUSION.

§. 54. — Pour rendre plus palpable la justesse de ma conclusion , je commence par rassembler , par résumer mon travail.

J'ai d'abord exposé les faits , attributs et principes généraux sous lesquels devaient se ranger plus tard les principaux de ceux de ces matériaux qui devaient en former la base. Ils sont , par leur caractère de généralité, indépendants du sujet , et , par ce motif , moins dans le cas d'effaroucher , d'être vus de mauvais œil par ceux que les circonstances y disposeraient.

J'ai ensuite abordé ce sujet , et, faisant dans son développement abstraction aussi complète que possible des caractères qu'il revêt en France , ou du moins ne me préoccupant

que de ceux qui semblent lui appartenir à peu près en tout
pays, j'ai passé en revue tous ceux des faits, attributs et
principes particuliers essentiellement de son ressort, auxquels on ne peut se dispenser d'accorder une sérieuse attention partout où l'on veut traiter rationnellement, en connaissance de cause les questions de quelque importance que
présentent, d'une part, l'entretien, de l'autre l'industrie des
transports dans ses relations avec cet art.

Me livrant enfin à ces deux guides qui seuls connaissent
les chemins, qui seuls possèdent la clef de ces questions,
j'ai procédé à l'exposition des faits qui aujourd'hui forment
en France notre bagage, et j'ai tâché de mettre le lecteur
en mesure d'apprécier, d'une part, le degré de justesse ou de
fausseté des opinions qui y sont aujourd'hui en circulation
sur cette matière, de l'autre, les causes des erreurs qu'elles
contiennent et les moyens de les détruire.

Bien que je me sois constamment efforcé de ne dégui-
ser, de n'affaiblir sur aucun point la vérité, j'ai toujours
eu soin de le faire en professant, pour les personnes et les intentions, respect, égards, bienveillance, et en attribuant les
défauts et les erreurs ou à des lois inhérentes à la nature
humaine, ou à des points de vue peu favorables, ou aux
circonstances.

Les principales vérités qui me semblent ressortir de ce travail, celles que je cherche à faire pénétrer, sont les suivantes.

§. 55. — 1.° En ce qui touche l'industrie des transports (1).

1.° La valeur des services que rend cette industrie l'emporte à tel point sur celle des dépenses nécessaires à l'entre-

(1) Je commence par l'industrie des transports, parce qu'elle est la reine

tien des routes , que , dût-on , pour faire jouir cette industrie de toutes les aisances, latitudes et commodités qu'elle peut désirer et réclamer , doubler et même tripler ces dépenses , ce qui n'est nullement nécessaire , on ne devrait pas hésiter , surtout dans un pays qui se pique de quelque grandeur , à le faire ;

2.° C'est commettre une erreur palpable , et quiconque veut se donner la peine d'observer et d'étudier peut s'en convaincre , que de supposer que les voitures puissent charger des poids illimités ; jamais en aucune contrée , depuis que le roulage existe , on n'en a vu qui pesassent , véhicule compris , plus de **220** k. par zone ;

3.° C'est une vérité , démontrée par des expériences positives , que les routes bien tenues peuvent résister à des poids beaucoup plus lourds ; que même en hiver, que même par des temps très-humides, elles ne sont pas entamées par des charges de **12** et **15** cents k. par zone , à bien plus forte raison par des charges moindres ; qu'il y a , il est vrai, tous les ans, un certain nombre de jours, équivalant ensemble à quelques semaines, un ou deux mois au plus , durant lesquels les routes fatiguées (**1**) sont exposées à être plus ou moins boueuses et tirantes , parfois même frayées, orniérées; mais que jamais , je parle toujours des routes bien tenues , ce n'est , quoi que fasse le roulage , au point de gêner beaucoup la circulation ; que c'est-là sans doute un inconvénient des empierrements , mais que tout a des inconvénients ; et que celui-là mérite peu d'occuper l'attention partout où l'on

---

du sujet, parce que c'est pour elle que les routes sont faites , pour elle que les ingénieurs et leur administration sont institués.

(1) Il est permis de douter qu'il y ait seulement un sixième des routes royales , et peut-être un cinquantième de celles départementales , qui soient fatiguées.

sait le combattre ; que d'ailleurs on peut le rendre de moins en moins fâcheux en leur administrant , en dose plus forte et mieux dirigée , les remèdes que j'ai indiqués ;

4.º Pendant les deux tiers ou les trois quarts de l'année, les routes sont capables de résister à des poids beaucoup plus lourds que pendant l'autre tiers ou l'autre quart ; elles usent aussi beaucoup moins ;

5.º Pendant plus de la moitié de l'année l'usure croît en proportion sensiblement moindre que les charges , en sorte que le tonnage général étant donné , il y a , sous le point de vue de l'usure , un avantage notable à ce qu'à cette épo-que les poids portés soient le plus lourds possible ;

6.º Supprimer le tarif d'été pour n'adopter qu'un tarif d'hiver applicable à toute l'année , serait une des disposi-tions les plus arriérées qu'il fût possible d'imaginer ;

7.º Les routes peu fatiguées, c'est-à-dire la grande ma-jorité des routes royales et presque toutes celles départe-mentales pouvant être tenues excellentes en tout temps, même par des agents d'une spécialité médiocre , quoi qu'y puisse faire la circulation , on commettrait au préjudice de la société , en les soumettant au système de la réglementa-tion , une inadvertance , une erreur encore plus grandes que pour celles qui sont fatiguées et difficiles à traiter ;

8.º Il en est de même de toutes les routes pendant la belle saison , en raison de ce qu'à cette époque ces voies ont une résistance beaucoup plus considérable , une résistance même telle , que de simples accotements convenablement soignés se défendent assez bien contre un fort roulage ;

9.º Les voitures les plus nombreuses en France ne sont pas , il s'en faut de beaucoup , les voitures publiques de roulage et de messageries ; ce sont celles des campagnes : de sorte que quand on fait un réglement qui doit atteindre toutes les voitures, on doit, bien que celles-ci n'empruntent les grandes routes que de loin en loin, se préoccuper beaucoup plus d'elles que des autres, du moins en ce qui touche les intérêts immédiats des masses ;

10.° En quelque endroit que ce soit, mais surtout dans les campagnes, et plus particulièrement encore dans les pays pauvres, le bas prix des choses est d'une importance capitale : dans ceux-ci, quelques francs, quelques sous même sont beaucoup. Or, en fait de véhicules, parmi les causes qui contribuent le plus au bas prix, il faut mettre en première ligne la légèreté des voitures, celle des roues par conséquent, l'économie du fer, le peu d'habileté des charrons et des forgerons, la facilité de se servir des bois et des fers que l'on a, sans être astreint par des dimensions légales à s'en procurer d'autres ;

11.° Une autre cause encore contribue puissamment à faire tenir à la légèreté des voitures, et par suite au peu de largeur comme au moindre diamètre des roues ; c'est la faiblesse et la mauvaise nourriture des animaux, des bœufs et des vaches surtout, auxquels, en raison de leur indigence, les cultivateurs sont dans la nécessité de donner la préférence;

12.° Par suite de ces faits, le nombre des chariots au-dessous de six centimètres et des charrettes au-dessous de sept est très-considérable, beaucoup plus considérable que celui des voitures publiques. Et en général ce sont précisément les individus les plus pauvres qui ont les plus étroits (1) ;

(1) J'ai fait voir que l'usure causée par jour aux routes royales par chaque cheval attelé parcourant 8 à 9 lieues, est, pour les roues et le cheval, d'environ cinq centimes. Supposons que chacune de ces voitures de campagne emprunte ces voies une fois par semaine et sur 8 à 9 lieues, ce qui, je crois, est beaucoup plus que la réalité, il en résulte qu'elle coûte *annuellement* à l'état pour sa part environ 3 francs. Eh bien ! admettons qu'au lieu d'avoir des jantes de cinq centimètres elle en ait de six ou de sept,

13.º Il y a en outre un grand nombre de propriétaires plus ou moins aisés qui ont des chariots à jantes de 0. 05, et qui, pour d'autres causes, seraient fort contrariés si on les contraignait à adopter des jantes plus larges ;

14.º Reconnaître que les messageries ont un intérêt puissant, et trop légitime pour n'être pas respecté, à ne pas faire usage des grands diamètres, et supposer que les voitures qui desservent d'autres besoins n'ont pas des motifs aussi valables, même plus peut-être, de préférer les petits diamètres, c'est évidemment faire acte de légèreté ;

15.º Aucune roue, dès qu'elle a servi quelque peu, ne touche généralement les routes sur toute la largeur de sa bande ; elle ne les touche ordinairement que sur les deux tiers ou la moitié de cette largeur, et souvent sur moins encore. Par conséquent, argumenter contre les voitures à jantes de 0. 17 de ce que leur contact avec ces voies n'est que d'environ 0. 12, c'est se servir d'une arme qui blesse tous les véhicules, ou pour parler plus juste qui n'en blesse aucun (1). Etablir en principe, et surtout prendre pour guide cette idée : « *qu'il est indifférent pour les routes que les roues aient* 0^m *115 ou* 0^m *175,* » c'est afficher une de ces erreurs qui sapent un travail à sa base (2). Le faire en présence d'une publication qui en a rendu l'inexactitude palpable,

croyez-vous que la différence sera, pour les roues, de cinquante centimes? Quelque faibles que puissent être vos notions dans la matière, vous ne le penserez pas. Et c'est pour une somme aussi exiguë, cinquante centimes par an, que vous iriez bouleverser les habitudes des cultivateurs !

(1) Sans doute une roue a d'autant plus de chances de toucher le sol sur toute sa largeur qu'elle est plus étroite ; et plus elle l'est, plus le rapport géométrique de son sillage à cette largeur est grand, et réciproquement. Mais cela ne prouve rien en faveur de la thèse qui repousse les jantes de 0^m 17, et cela autoriserait aussi bien à repousser celles de 0^m 11, de 0^m 10, de 0^m 09, etc., etc.

(2) On n'a probablement pas oublié qu'à chaque présentation de projet de loi de réglementation j'ai signalé des erreurs de cette force.

n'est-ce pas s'exposer à faire croire , ou que l'on s'inquiète peu des écrits qui paraissent sur le sujet , ou que l'on compte beaucoup sur l'ignorance du public?

16.º Les routes ayant besoin que les matériaux qui servent à les réparer soient enchevêtrés , que les boursoufflements qu'y créent beaucoup de gelées soient comprimés au dégel , que certaines bavures , que les rugosités , les aspérités qui dans de nombreuses circonstances s'y forment , soient affaissées , il est évident que les voitures qui s'acquittent le mieux de cette tâche sont , sous cet important rapport , plus utiles que les autres; or , il ne l'est pas moins que ces voitures sont celles à jantes larges ;

17.º L'hypothèse sur laquelle repose tout l'édifice des essais et calculs qui ont servi de base au projet de réglementation , hypothèse qui consiste à admettre que les dégradations sont proportionnelles à l'intensité du tirage , est entièrement inexacte , et ne soutient pas l'examen;

18.º D'ailleurs la manière dont ces essais ont été exécutés, les circonstances que l'on a fait naître pour eux , n'ont aucune ressemblance avec celles qui se présentent habituellement sur les routes , et surtout sur celles bien tenues ; elles en diffèrent à tel point , que l'on ne saurait , sans pécher contre les plus simples règles de la logique , appliquer à ces voies , aux dernières particulièrement , les résultats qu'elles ont fournis ;

19.º Parmi les nombreux arguments que l'on peut opposer aux partisans du système de la réglementation , il en est un qui , pour être indirect , n'en est pas moins puissant; c'est celui renfermé dans ce verset du psalmiste : *Aures habent , et non audient ; oculos habent et non videbunt.* Depuis des années la pratique leur oppose des faits d'une importance vitale : ils ne les entendent ni ne les voient ;

20.° Les différences notables qu'offrent entre eux les divers projets de lois présentés à son sujet, doivent inspirer sur leur bonté une défiance prononcée, une défiance d'autant plus prononcée, qu'à chaque fois leurs auteurs ne manquent jamais de les donner comme la panacée des routes. Le dernier est loin, sous ce rapport, d'être plus satisfaisant que les autres (1). La gravité des erreurs que contient le rapport qui lui sert de base, me semble peu de nature à lui mériter la confiance (2);

21.° Les questions qui mettent l'industrie des transports en relations avec l'administration des ponts et chaussées exigent, pour être bien traitées, la connaissance d'un grand nombre d'attributs, les uns du ressort de cette industrie, les autres du ressort de l'entretien. Si l'on est faible dans celle des premiers ou dans celle des seconds, on peut être sûr de s'y fourvoyer souvent et gravement, quelque fort que l'on soit du reste sur les autres. Toujours alors des faces essentielles échappent au coup-d'œil, fût-il celui de l'aigle (3).

(1) Si, dans quelques années, un auteur faisant l'inventaire et le triage du passé, vient à examiner, à comparer ces divers projets, je ne sais ce qu'il dira de celui-ci; mais je doute qu'il ne le considère pas comme le plus arriéré de tous. Depuis les premiers, nous n'aurions donc rien oublié, rien appris, ou plutôt nous n'aurions appris que des choses inexactes.

(2) Comme, en ce qui touche le travail de la commission de 1838, ce rapport, tout en disant que *les lumières y surabondaient*, désapprouve des idées capitales qu'elle prenait pour guide, ne serait-on pas fondé à se demander si, dans le cas où une autre commission serait nommée, les opinions de celle d'aujourd'hui ne seraient pas trouvées aussi, malgré la surabondance de ses lumières, dénuées d'exactitude?

Celle-ci a, il est vrai, émis l'opinion que *la question se présente sous un jour tout nouveau :* mais qui sait si celle-là n'en dirait pas autant?

Si j'osais exprimer toute ma pensée, je dirais que cette surabondance de lumières me paraît ressembler fort à une surabondance de ténèbres.

(3) Sur les routes comme dans le cabinet, dans le cabinet comme sur les routes, il n'est pas plus possible, sans la connaissance des attributs, de savoir ce qu'il convient de faire et la manière de le faire, de résoudre les problèmes même les plus faciles d'entretien et de roulage, qu'il ne le se-

22.º La meilleure manière de s'éclairer et d'éclairer le public sur le problème de la réglementation des charges, consiste à l'attaquer directement par des essais confiés à des ingénieurs qui aient fait leurs preuves ;

§. 56. — 2.º En ce qui touche l'entretien.

23.º Les phénomènes qui jouent un rôle dans les questions d'entretien et de roulage sont beaucoup plus compliqués et nombreux qu'on ne l'avait cru jusqu'à présent. Leur étude, et surtout la manière d'en diriger, d'en modifier plus ou moins l'action, la marche, les résultats, exige la connaissance, l'examen, tant pratiques que théo-

rait par exemple de résoudre des questions de physique ou de chimie sans celle des propriétés des corps.

Je ne sais si je fais erreur, mais il me semble que, parmi les solutions relatives aux chemins de fer que dans le public on oppose à celle de l'administration, il y en a plus d'une qui pêche par cette base.

L'expérience enseigne, ainsi qu'on l'a pu voir dans ma brochure sur la comparaison des voies de transports, que les canaux n'obtiennent généralement de succès, ne sont plus ou moins suivis que là où préalablement des routes fréquentées ont créé, amené, ce qui n'est ordinairement le résultat que d'un travail de longues années, une activité, un mouvement commercial plus ou moins considérables ; que dans les pays où, comme par exemple en Bretagne, ce mouvement, cette activité n'existaient pas, leur ouverture n'a presque rien fait pour la contrée, et qu'ils y sont déserts ; (pendant combien d'années le canal du Languedoc n'est-il pas resté presque sans bateaux ? et, malgré les avantages incontestés de sa direction et de sa position, n'a-t-il pas mis 150 ans pour acquérir un tonnage médiocre ?) que tout annonce qu'il en serait ainsi des chemins de fer, et que de même qu'il n'y a ordinairement de grandes rivières que là où il y a beaucoup d'affluents d'ordres inférieurs, de même il n'y aura promptement, en général du moins, d'activité sur ces voies que là où déjà cette activité existe en grande partie, quoique plus ou moins disséminée.

Cet attribut des voies de transports me paraît être, dans la plupart des cas, au moins en France, le plus important. Et cependant, combien de fois arrive-t-il qu'on ne s'occupe pas plus de lui que s'il n'existait pas, et qu'on lui préfère celui de la topographie, celui surtout des intérêts de clochers ?

riques, d'attributs divers bien plus nombreux encore. Sans
cette connaissance à laquelle on ne paraissait même pas
songer, tout est incertitude, obscurité dans les principes,
dans les méthodes, dans les procédés. C'est à son absence
qu'il faut attribuer l'état profondément arriéré où sont encore le métier, l'art et surtout la science de l'entretien.
Il en est de ce métier, de cet art et de cette science
ce qu'il en est de toutes les branches d'études qui s'occupent des phénomènes naturels et industriels. On n'y peut
rien fonder de solide, de stable, si l'on ne prend pour point
d'appui, pour matériaux, pour boussole, et même pour
principaux ouvriers, car l'intelligence toute seule n'est ici
qu'architecte, les attributs.

Aussi, que l'on examine les ouvrages des personnes qui
s'aventurent à traiter de sujets, sur ceux desquels elles n'ont
que des notions ; on n'y trouve que des raisonnements et
des affirmations, matière qui, comme on sait, n'a jamais
manqué aux idées fausses ; mais des faits tant soit peu con-
cluants, mais des attributs surtout, c'est à peine s'il y en a
vestige (1).

(1) Alors que l'ignorance complète de ces attributs faisait accorder une
valeur effrayante à l'expérience des 500 francs de dommage en un jour et
à l'affirmation que les chaussées avaient en général perdu considérablement
de leur épaisseur, comment suis-je parvenu à mettre en lumière l'inexactitude de ces propositions ? par l'exposition de ceux de ces attributs qui s'y
rapportaient. Alors que cette même ignorance faisait considérer comme
une œuvre de grande justesse et d'une importance capitale un livre qui,
bien que dû à l'un des savants les plus distingués du monde, contenait une
foule d'erreurs, dont plusieurs très-graves et quelques-unes écrasantes,
comment ai-je démontré le peu de fondement de cette faveur ? toujours
par là même méthode. C'est toujours la connaissance des attributs que j'ai
opposée à leur ignorance. Et quand, dans mon Essai, j'ai fait voir combien
le système de M. Dumas est erroné, comment y suis-je parvenu ? encore
par cette méthode. Enfin, qu'ai-je fait presque d'un bout à l'autre de cet
opuscule ? guère autre chose que de mettre en scène des attributs.

Supposera-t-on maintenant que ce pouvoir qu'ils ont de faire découvrir

Bien mieux, il arrive souvent que quand quelqu'un, armé de ces attributs, vient mettre en lumière le peu de fonds de ces raisonnements, de ces affirmations et surtout de leurs conclusions, leurs auteurs, privés de toute ressource, ne savent, quels que soient d'ailleurs leurs talents et leur mérite, que se répéter, que se ressasser. Cette mise en lumière, ils ne l'ont pas aperçue, et ils n'en parlent ; ces attributs, ces faits, ils ne les ont pas vus, et ils n'en soufflent mot. Quelques interrogations qu'on leur adresse, ils n'ont toujours qu'une réponse : c'est, ou *le poumon*, toujours *le poumon*, ou *prenez mon ours*.

Cet aveuglement est presque toujours un des caractères de l'état arriéré, une des conséquences de la disette des attributs (1).

où est la vérité, où est l'erreur, ils ne l'ont que dans les dissertations, et qu'ils le perdent sur le terrain ? Mais ce serait évidemment une supposition absurde. Dans la pratique comme dans la théorie, sur le chantier comme dans le cabinet, pour l'action comme pour le conseil, la vérité ne connaît qu'eux, ne se plaît qu'avec eux, ne se démontre que par eux.

(1) Une distraction de cette famille vient d'échapper à M. Dumas. Au moment où j'achève mon travail, cet ingénieur fait paraître sur son système une nouvelle publication qui n'est à peu de chose près que la copie ou l'extrait des précédentes. C'est toujours la même absence d'attributs, de faits primordiaux, d'expérimentations ; toujours des idées spéculatives, des raisonnements, des affirmations ; toujours le même oubli de ces vérités pourtant palpables, à savoir : 1.º qu'un succès sur des routes peu fatiguées, bien rétribuées, et en possession de très-bons matériaux, ne saurait être concluant ; 2.º qu'il l'est d'autant moins, que des succès du même genre sont obtenus journellement sur des voies semblables, bien que l'entretien en soit fort mal entendu ; 3.º que quand des prescriptions mettent en œuvre, sauf des modifications plus ou moins insignifiantes, des procédés qui réussissent très-bien sur des communications beaucoup plus difficiles à traiter, il n'est ni judicieux ni juste d'attribuer les résultats obtenus à ces modifications ; 4.º que si aujourd'hui quelqu'un, renchérissant sur le balai, venait le remplacer par des brosses ou des plumeaux, lesquels ne manqueraient certainement pas de réussir, il serait tout aussi fondé à appeler cela un système, et à leur décerner la palme ; c'est toujours la reproduction de cette hérésie, pourtant si facile à constater par les moyens d'expé-

« Il en est du métier, de l'art et de la science de l'entretien ,
ce qu'il en est de l'une quelconque des connaissances hu-
maines : plus on l'étudie , et surtout, quand il y a lieu , pratiquement , expérimentalement , plus elle se complique ,
plus son horizon s'éloigne. Ceux-là seuls la trouvent simple
et la réduisent à quelques idées , qui ne la connaissent pas ,
qui se doutent à peine de ce qu'elle est.

« C'est ce que tout homme vraiment instruit et éclairé exprime par cette phrase : « Ce que l'on sait en toutes choses
» n'est rien auprès de ce que l'on ignore. »

Je demande pardon au lecteur de revenir si souvent , avec
tant d'instance , sur ces vérités ; mais une des plaies les
plus profondes de celles que je cherche à guérir m'en fait
la loi ;

24.º Quand on songe au peu de valeur , à l'inexactitude, à la bizarrerie même parfois des idées qui , il y a peu
d'années encore , régnaient sur cette matière , à leur peu
d'accord, à leur confusion, on conçoit sans peine l'état dans
lequel elle se trouve encore. Comment imaginer en effet
qu'au milieu d'un tel chaos il y ait le germe d'un métier ,
d'un art et d'une science.

25.º Aussi n'y a-t-on même pas encore de moyen de s'entendre et de rendre compte d'une foule de faits, d'observations , de procédés , de détails de divers ordres qu'il serait

rimentation exposés dans mon Essai ; que la consommation des matériaux
sur les empierrements parfaits est due au frottement, et non à l'écrasage.

Depuis six mois que M. Dumas a en mains cet Essai, il lui aurait pourtant été bien facile d'en soumettre quelques-uns à l'épreuve ; mais il pa-
rait que le bandeau placé sur ses yeux ne le lui a pas permis.

Encore quelques années, et il en sera de ce système ce qu'il en est de
tout ce qui ne s'appuie pas sur les attributs , ce qu'il en est de tous les
châteaux de cartes ; mais heureusement pour cet ingénieur, cela n'affai-
blira en rien les services qu'il a rendus, services signalés et sur lesquels
quelques erreurs ne peuvent rien, car qui n'en commet ?

pourtant bien important de faire entrer dans le domaine des idées ; aussi, en deux mots, n'y a-t-on pas encore d'idiôme ;

26.° Une des conséquences les plus fâcheuses de cet état d'ignorance, c'est que l'on manque de critérium, de boussole pour apprécier les besoins tant absolus que relatifs des routes ; que par suite certaines de ces voies reçoivent des crédits beaucoup moindre que ceux qu'elles devraient recevoir, et réciproquement ; qu'enfin un malaise fort grand en est la suite ;

27.° Une de ses autres conséquences qui l'est encore plus, c'est que, faute de savoir tirer un parti convenable de trois forces pourtant susceptibles de grands effets, le taux des crédits, la nature des matériaux, la spécialité des ingénieurs et de leurs agents, on cherche à faire retomber sur l'industrie des transports, alors que l'on ne devrait l'imputer qu'à lui, les défectuosités plus ou moins grandes de la viabilité.

Lorsque deux personnes sont en contestation, il est rare, si l'une doit son infériorité à son ignorance du sujet, qu'elle en convienne. Cela surtout est rare si, sous tous les autres rapports, l'instruction de cette personne l'emporte de beaucoup.

Le corps des ponts et chaussées a toujours été en lutte avec l'industrie des transports ; il a constamment soutenu que si les routes ne sont pas bonnes, ce n'est pas à son peu de connaissance dans l'entretien qu'il faut s'en prendre, mais à cette industrie. Aujourd'hui encore, il soutient en immense majorité cette thèse. Reste à savoir si la société, qui est jugé, et qui, elle, aurait un grand intérêt à ce qu'elle fût fausse, ne se décidera pas à donner enfin une attention sérieuse aux faits et aux arguments de ceux qui affirment

qu'elle l'est , et à engager l'administration à tenter les véri=
fications qu'ils proposent.

Quand les choses en sont arrivées à ce point que c'est avec
des faits et des attributs bien formulés , nettement dessinés ,
faciles à mettre à l'épreuve , que les préjugés et la routine
sont attaqués ; à ce point que toute personne éclairée est en
droit de demander à ceux des partisans de cette thèse qui
influent sur le crédit qu'elle a , si tels et tels de ces faits et
attributs sont vrais ou non , si l'on a fait ou non quelque
chose pour s'en assurer , pour les examiner , les contrôler :
à ce point que le débat peut être porté , non plus , comme
la théorie pure cherche constamment à le faire , sur un terrain que le public et la plupart de ses juges ne puissent connaître , et où par suite elle règne en maître , mais sur un
terrain où toute la difficulté consiste dans l'appréciation et
la comparaison de ces faits et attributs , ce débat ne saurait
plus rester long-temps douteux (1).

28.º Cet état d'ignorance est tel , même aujourd'hui ,
que sur bien des routes on voit encore commettre jour-

(1) On pourrait même croire que, sous un certain point de vue, les idées
de l'administration tendent à se modifier. Voici du moins ce que le rapporteur de la commission dit dans le numéro de mai et juin 1841 des an-
nales des ponts et chaussées, page 346 (on sait que dans ce recueil on ne
reçoit jamais rien que de très-orthodoxe) :

« Et la génération qui nous suivra verra probablement le roulage et les
» messageries abandonnés librement (et sans aucune restriction dans l'inté-
» rêt exclusif et matériel des routes), aux combinaisons commerciales et
» industrielles les plus propres à réduire le prix de revient des trans-
» ports. »

On m'objectera peut-être que ce passage suppose adoptée et en action depuis un certain temps la loi proposée, que d'ailleurs l'exposé des motifs de
cette loi repousse l'idée qu'il exprime ; mais je répondrai , sans me charger
d'expliquer la contradiction, qu'il n'en reste pas moins constant que cet
affranchissement des transports, traité si long-temps de chimère, on paraît commencer à le croire possible à l'aide des grands diamètres. Or, de-
là à reconnaître qu'il l'est sans leur secours, combien le trajet n'est-il pas
plus court !

nellement les fautes les plus graves, et même des répandages généraux absolus (voir mon opuscule du mois d'avril 1842);

29.º Les difficultés de divers ordres, les différences et variétés nombreuses que, suivant les points de vue, les circonstances, embrasse le sujet, ne pouvant se montrer réunies que sur un certain nombre de départements, l'administration a établi un service d'expériences qui, en traversant plusieurs, se trouve dans ce cas, et se prête ainsi beaucoup mieux aux recherches, aux investigations;

30.º Mais ce service, qui a été déjà d'une grande utilité, et qui est appelé à l'être d'une bien plus grande encore, a malheureusement quelques parties sur lesquelles, en raison surtout des exigences actuelles du public, de l'augmentation de la fatigue et de celle du prix des matériaux, les crédits sont beaucoup trop faibles (1). Il en résulte que leur viabilité est très-peu satisfaisante, qu'elle laisse beaucoup à désirer, et que l'on en accuse, bien que fort vaguement et sans rien préciser (on ne se hasarde guère à entrer, par publications surtout, dans cette voie), les méthodes, les procédés qui y sont suivis. C'est donc, sous le rapport des progrès de l'entretien, non moins que sous celui de l'intérêt de la circulation, une chose très-fâcheuse;

31.º Ce service a de plus, comme tout ce qui est d'une grande utilité, et choque plus ou moins ouvertement les pré-

---

(1) Je ne sache personne aujourd'hui qui soit en état de faire des miracles, et qui avec des crédits insuffisants, surtout de beaucoup, soit capable d'obtenir une viabilité satisfaisante; et cela particulièrement sur des routes fatiguées. Pour mon compte, je soutiendrai toujours qu'il serait absurde d'arguer contre un système des résultats obtenus dans de telles circonstances, et sûr de la boussole (la connaissance des attributs), qui par ses indications a donné naissance au mien et en dirige la marche, je me rirai des attaques de ses adversaires.

jugés , la routine et quelques faiblesses ; un certain nombre d'ennemis ; et ils ne se font pas faute d'employer contre lui tous les moyens , de chercher par tous les expédients à égarer à son sujet l'opinion. Il n'est donc pas surprenant que, malgré les enquêtes à l'aide desquelles je déjoue de temps à autre leurs manœuvres , quelques personnes soient parfois dans l'incertitude sur ce qu'elles en doivent penser. Mais quelle vérité importante n'a eu à subir cette épreuve !

32.º J'ai démontré dans mes écrits , et plus particulièrement dans ma brochure du mois d'août 1841 , la grande utilité des lignes d'expériences qui traversent un certain nombre de départements et sont confiées à des ingénieurs ayant fait leurs preuves. Je n'y reviendrai pas ici ; mais je crois bon de rappeler qu'un des moyens les plus efficaces de combattre l'état arriéré , de vaincre les préjugés, la routine et les faiblesses ; serait d'en établir un certain nombre.

§. 57. — 3.º En ce qui concerne l'administration.

33.º Pour que la tâche confiée par la société aux ingénieurs et à leur administration soit le mieux remplie que faire se peut , il est essentiel que toutes les vérités de quelque valeur qui peuvent en rendre l'accomplissement plus avantageux ; plus satisfaisant, puissent se faire jour. Or , l'infaillibilité et l'absence de défauts ne sont le lot de personne, pas plus des administrations que des individus. Si donc on admet , et je ne sache pas qu'il existe au monde quelqu'un qui pût refuser de l'admettre , que cette administration commet des erreurs, qu'elle a des défauts, il faudra bien admettre encore que nul ne peut aussi bien que les ingénieurs jeter sur eux du jour et en atténuer les conséquences ;

34.º Presque toutes les erreurs et souffrances signalées jusqu'ici reconnaissent pour cause première le manque complet d'encouragements, dans lequel a constamment langui l'entretien ;

35.º Les inspections sont pour cet art d'une nullité presque entière, soit parce qu'elles ont presque toujours lieu pendant la belle saison, soit parce que le mérite éminent de ceux à qui elles sont confiées est, ou peu s'en faut, généralement étranger à cet art ;

36.º L'administration redoute trop la contradiction ; elle a trop de froideur pour ceux qui, bien que rendant pleine et entière justice à ses bonnes qualités, à la droiture, à la pureté de ses intentions émettent des vues différentes des siennes ; elle n'aime pas assez les débats ; elle n'a pas encore suffisamment dépouillé certaines habitudes (voir le §. 11). Il me semblerait à désirer qu'elle se rappelât souvent que presque toutes les questions d'entretien et de roulage sont des questions de métier, d'art et de science, dont par conséquent il serait bon de laisser la controverse entre les ingénieurs, et qu'elle n'adoptât une solution que lorsque les plus expérimentés s'étant, après discussion, prononcés pour ou contre, sa détermination pourrait se baser sur la valeur de leur avis : ce serait, à mon sens, la meilleure manière, la seule même de se mettre en garde contre les jugements de l'avenir, jugements qui aujourd'hui auraient peut-être le droit d'être sévères.

§. 58. — 4.º En ce qui touche la société.

37.º La société doit se tenir en garde contre les défauts, les préjugés, la routine, les faiblesses, inhérents aux ad-

ministrations, attendu qu'ils y ont souvent une influence
par trop prépondérante. Elle ne saurait trop, surtout à
l'aide de ses hommes les plus éminents et les plus instruits,
encourager, soutenir ceux de leurs membres qui, sans s'é-
carter en rien de leurs devoirs, des égards, des bienséances,
se vouent à la rude et pénible tâche de les signaler;

38.° L'expérience a prouvé au monde, et de l'aveu des
plus grands génies, d'une part, qu'en quelque matière que
ce soit, ce que l'on sait n'est rien en comparaison de ce que
l'on ignore; de l'autre, qu'à une foule d'époques, des vérités
pourtant palpables ont passé pour des erreurs; et que cela
est surtout arrivé quand elles choquaient les idées adoptées par des agglomérations, par des corps plus ou moins
puissants; enfin, que toute vérité commence par être consi-
dérée comme une erreur, et l'est souvent pendant long-
temps. Or, n'est-il pas de toute justesse d'en conclure
que, quand une doctrine ou des vues plus ou moins contraires à celles reçues sont émises par des personnes qui,
possédant au moins les connaissances ordinaires, ont fait
du sujet auquel elles appartiennent une étude tant théorique
que pratique, pratique surtout (1), sérieuse et longue,
étude que d'ailleurs n'ont pas fait, ou à un degré beau-

(1) J'insiste toujours sur la pratique, parce qu'elle me paraît généralement et à bon droit la pierre de touche des idées, la sauve-garde, la garantie, la démonstration de leur justesse; mais je suis loin de prétendre que parmi les théories qui marchent seules il n'y en ait pas qui ne méritent toute l'attention, souvent même toute la sympathie. Quiconque a
profondément médité les attributs d'un sujet, et les possède, est par ce seul
fait en état d'en faire l'objet de théories que, presque toujours la pratique
vient confirmer et légitimer, sauf modifications plus ou moins faibles ou
fortes, et d'autant moins fortes que la connaissance de ces attributs est plus
complète.

Parmi les différentes causes qui peuvent donner lieu à la fausseté des
théories, la plus commune et la principale est que leurs auteurs connaissent
très-imparfaitement, et souvent à peine, ces attributs.

coup moindre, ceux qui les attaquent; d'en conclure, dis-
je., que cette doctrine, ces vues pourraient bien, comme
toutes celles dont l'exactitude est reconnue, toutes ont débuté
de même, être fondées, rationnelles? Et si cela est de toute
justesse, ne s'ensuit-il pas, surtout quand il est incontestable
que la société aurait un intérêt notoire à ce qu'elles le
fussent, qu'il serait sage de les examiner avec une attention
scrupuleuse, et d'expérimenter les moyens de vérifications
que ces personnes proposent?

§. 59. — La conclusion à tirer de tout ceci, chacun l'a
probablement déjà tirée : n'est-ce pas que la meilleure manière
de résoudre les difficultés est de les attaquer au cœur (1),
et de confier cette tâche à ceux qui ont fait leurs preuves?
n'est-ce pas que, dès que l'administration le voudra, elle
mettra un terme à toutes ces fluctuations d'idées spéculatives, voulant tantôt blanc, tantôt noir, qui cherchent à s'imposer à elle (2), et qui aujourd'hui aboutissent, du moins
en grande partie, à dire à la législature : *Donnez-moi votre
blanc-seing, et ne vous inquiétez plus de rien?*

La conclusion à tirer de tout ceci, elle se trouve dans une
formule, dans une maxime que j'emprunte, le lecteur me
le pardonne, à une tragédie :

> Annibal l'a prédit, croyons-en ce grand homme,
> On ne vaincra jamais les Romains que dans Rome.

Les Romains, ce sont les préjugés, la routine dont l'administration ne se méfie pas assez, dont elle se méfie d'autant moins assez, que dans son sein ils ont un pouvoir très-
grand, et que, comme on le lui dit trop rarement, elle l'ou-

____

(1) Dans presque tous les problèmes que le sujet m'a présentés, j'ai eu
occasion de reconnaître que cette méthode est de beaucoup la meilleure.

(2) L'administration me paraît devoir être d'autant plus à l'aise avec ces
idées, qu'il y a assez long-temps qu'elle est ballottée par elles.

blié ; les Romains, ce ne sont pas les messageries et le roulage ; bien moins encore les voitures des campagnes, ce sont, avec ces préjugés et cette routine, l'ignorance et les petites passions, leurs filles. C'est donc chez elle et dans le corps, non dans l'industrie et dans l'agriculture, qu'elle doit porter ses coups.

§. 60. — Bien que tout ou presque tout ce qui est exposé dans cet opuscule l'ait déjà été dans mes autres écrits, et avec renfort de preuves, combien celui-ci ne va-t-il pas mettre en émoi leur cortège ! mais je m'en effraie peu (1). Quand on a entrepris une tâche, il faut savoir en subir les nécessités : or, je me suis voué, coûte que coûte, à celle d'arracher de la fange les questions relatives à l'entretien et au roulage, à celle de donner au métier, à l'art et à la science qui les embrassent une forme, des traits, une valeur, un idiôme. Cette tâche, je crois pouvoir promettre à la société et à l'administration que si, comme il est probable, au lieu de m'ôter les moyens de la remplir, on les complète, je la conduirai à bonne fin (2). Du reste, quoi qu'il arrive et quoi que puissent faire ces éternels ennemis du progrès, ils ne sauraient empêcher que les écrits existants ne soient-là pour attester, chacun est libre de revendiquer ses droits : 1.º que pendant long-temps j'ai été le

(1) Il est vrai que Fontenelle a dit :

« Si j'avais la main pleine de vérités, je me garderais de l'ouvrir dans la » crainte d'être honni et conspué. »

Mais, comme j'ai le malheur d'être bien petit auprès de M. de Fontenelle, cette crainte n'a jamais existé chez moi, et n'est pas près d'y entrer.

(2) Loin de moi d'ailleurs l'intention de m'isoler dans cette œuvre de la coopération de mes collaborateurs, et de négliger les résultats que d'autres pourront obtenir ! Croire que ma position et mon passé me la rendent plus facile, n'est empiéter en rien sur les droits de personne.

seul qui se soit livré *exclusivement* à l'étude pratique et théorique des questions que soulèvent l'entretien et la circulation, et qui se soit occupé de démontrer que ces questions ne peuvent être résolues que par la réunion de connaissances plus ou moins étendues dans ces deux branches , qu'aujourd'hui même je ne sois encore celui qui s'en occupe le *plus exclusivement* ; 2.° que c'est par mes publications qu'ont été détruites les erreurs nombreuses et parfois monstrueuses qui existaient à leur apparition ; qu'il en est de même , généralement du moins , car je serais désolé de rien ravir à qui que ce soit, de celles qui de temps à autre cherchent à s'introduire , fussent-elles prônées par mes amis ; de même des procédés défectueux et déplorables qui étaient adoptés partout ou à peu près ; 3.° que nul n'a attaqué avec plus de constance et de sincérité ceux des leurs (préjugés , routine , ignorance et faiblesses) qui trônaient ou trônent encore ; que j'en ai long-temps pâti , ce qui était inévitable ; que nul ne continue ce rôle avec plus de persévérance ; 4.° que quand des paniques comme celles relatives à l'expérience des 500 fr. de dommage en un jour et au reproche concernant l'état affreux de la route de Lyon à Marseille , se sont manifestées à l'administration , le bonheur d'y mettre un terme m'a été réservé ; 5.° que des trois routes qui étaient citées aux chambres législatives comme ne pouvant être entretenues si elles n'étaient pavées , deux m'ont été confiées et ont été assez bien rétablies par mes collaborateurs et par moi pour que , bien qu'elles ne le soient pas encore complètement , des enquêtes aient prouvé que les riverains les préfèrent à ce que l'on croyait indispensable , à des pavages ; 6.° que si la prévention aussi favorable que peu fondée qui existait partout en faveur de ces pavages disparaît journellement , c'est à elles surtout (ces publications) qu'on le doit ;

7.º que le seul service d'expériences sur l'entretien des routes qui ait encore été établi est celui dont la direction m'est confiée, et qu'en raison de son étendue comme des difficultés et variétés de tout genre qu'il présente, tant sous le rapport de la fréquentation et de la fatigue que sous celui des matériaux, des sols, du climat, des expositions, des habitudes locales, il m'a offert et continue à m'offrir des occasions d'instruction et d'études beaucoup plus nombreuses et favorables que n'en ont jamais eu aucun de mes confrères ; 8.º que la nécessité de la connaissance des attributs, que les essais et investigations propres à faire acquérir cette connaissance, qu'en un mot les moyens de créer, de classer et de faire progresser le métier, l'art et la science, ont été, pour la première fois, exposés par leur serviteur ; 9.º qu'en résumé, si les personnes désintéressées et sans prévention commencent enfin à apercevoir, soit l'ignorance profonde qui existe encore à peu près partout sur les principes que l'on doit prendre pour guides dans l'examen des questions d'entretien et de roulage, soit les hérésies qui se commettent journellement dans cet examen, soit les contradictions, le peu d'accord, l'absence d'idiôme qui s'y font remarquer (1),

(1) Je disais, il y a quelques années, dans une de mes brochures, que si l'on voulait se faire une idée exacte de l'état de l'entretien, il fallait lui appliquer ce passage de Bichat sur la médecine

« Incohérent assemblage d'opinions elles-mêmes incohérentes, elle est
» peut-être de toutes les sciences physiologiques celle où se peignent le
» mieux les travers de l'esprit humain. Que dis-je, ce n'est point une
» science pour un esprit méthodique, c'est un assemblage informe d'idées
» inexactes, d'observations souvent puériles, de moyens illusoires, de
» formules aussi bizarrement conçues que fastidieusement assemblées. »
(Du temps de Bichat aussi, il y avait des médecins qui croyaient que parmi
eux les lumières surabondaient.)

Ce que je disais alors je le maintiens toujours pour nombre de routes, car on verra dans quelques jours comment sont encore traitées une bonne partie de ces voies : vraiment, si l'expérience n'avait surabondamment prouvé que les qualités les plus éminentes et les intentions les plus pures ne sauraient préserver des maladies de l'état arriéré, ce serait une honte pour le corps.

c'est grâce à mes écrits et au soin que je mets à les répandre dans une sphère où les lumières, la position sociale, l'indépendance, mettent le mieux en état d'en connaître; 10.º enfin, qu'il y a dans cet ensemble de faits un développement considérable de travail, d'efforts et d'utilité produite; et que ce sont-là des titres, je suis forcé de les leur rappeler parce qu'ils les oublient, qu'ils chercheront vainement à détruire.

Sans doute ils trouveront cette énumération un peu longue et un peu vive; c'est tout simple. Nous sommes en guerre, et à la guerre on n'aime pas que son ennemi sache se défendre, et surtout attaquer; mais c'est à eux de prendre leur revanche. Sans doute encore ils pourront, soit en faisant courir de faux bruits, soit en cherchant à empêcher mes crédits d'être ce qu'ils devraient être, soit par tous autres expédients, retarder le triomphe de la vérité; mais je crois pouvoir leur prédire que trop de personnes éclairées ont maintenant les yeux ouverts sur ces questions pour que ce ne soit pas à leur détriment. Aujourd'hui que plus que jamais la pensée est libre, quiconque n'a dans l'esprit que des idées de justice, de droiture, dans le cœur que des sentiments d'honneur et de délicatesse, peut tout dire : aussi les faux bruits, les attaques sinueuses ou dans l'ombre finissent toujours par retomber sur leurs auteurs.

FIN.

OUVRAGES DE L'AUTEUR.

1.º Notice sur la manière la plus économique de construire, de réparer et d'entretenir les grandes routes et les chemins vicinaux ;

2.º Suite à la Notice sur les grandes routes et les chemins vicinaux ;

3.º Théorie et Pratique des mortiers et des cimens romains ;

4.º Mémoire sur la nécessité d'une liberté illimitée dans les charges du roulage, et sur les moyens pratiques de maintenir des routes en parfait état avec cette liberté, sans accroître la dépense ;

5.º De l'Art d'entretenir les routes, ou comparaison de trois systèmes d'entretien, savoir :

    1.º Celui de Mac-Adam ;

    2.º Celui généralement usité en France ;

    3.º Celui de M. Berthault-Ducreux ;

6.º Des Mesures qui peuvent le mieux assurer le rétablissement des grandes routes et des chemins vicinaux, tout en aidant l'industrie des transports, au lieu de lui créer des entraves ;

7.º De l'entretien des routes et du roulage ;

8.º Élémens de l'art d'entretenir les routes ;

9.º Comparaison des routes, des voies maritime et fluviale, des canaux et des chemins de fer ;

10.º Essai d'un Traité sur l'Entretien des Routes en empierrement ;

11.º Notions sur le Service d'expériences sur l'Entretien des Routes, etc., etc. (Août 1841) ;

12.º Une Visite à un Empierrement très-fréquenté, etc., etc. (Nov. 1841).

9 782329 016184